A ameaça
do fantástico

FUNDAÇÃO EDITORA DA UNESP

Presidente do Conselho Curador
Mário Sérgio Vasconcelos

Diretor-Presidente
José Castilho Marques Neto

Editor-Executivo
Jézio Hernani Bomfim Gutierre

Superintendente Administrativo e Financeiro
William de Souza Agostinho

Assessores Editoriais
João Luís Ceccantini
Maria Candida Soares Del Masso

Conselho Editorial Acadêmico
Áureo Busetto
Carlos Magno Castelo Branco Fortaleza
Elisabete Maniglia
Henrique Nunes de Oliveira
João Francisco Galera Monico
José Leonardo do Nascimento
Lourenço Chacon Jurado Filho
Maria de Lourdes Ortiz Gandini Baldan
Paula da Cruz Landim
Rogério Rosenfeld

Editores-Assistentes
Anderson Nobara
Jorge Pereira Filho
Leandro Rodrigues

David Roas

A ameaça do fantástico
Aproximações teóricas

Tradução
Julián Fuks

Título original: *La amenaza de lo fantástico: aproximaciones teóricas*
© 2013 Editora Unesp

Direitos de publicação reservados à:
Fundação Editora da Unesp (FEU)
Praça da Sé, 108
01001-900 – São Paulo – SP
Tel.: (0xx11) 3242-7171
Fax: (0xx11) 3242-7172
www.editoraunesp.com.br
www.livrariaunesp.com.br
feu@editora.unesp.br

CIP – Brasil. Catalogação na publicação
Sindicato Nacional dos Editores de Livros, RJ

R544a

Roas, David
  A ameaça do fantástico: aproximações teóricas / David Roas; tradução Julián Fuks. – 1.ed. – São Paulo: Editora Unesp, 2014.

  Tradução de: *La amenaza de lo fantástico: aproximaciones teóricas*
  ISBN 978-85-393-0497-4

  1. Literatura espanhola – História e crítica. 2. Crítica literária. I. Título.

13-05216   CDD: 809
                                                 CDU: 82.09

Editora afiliada:

Asociación de Editoriales Universitarias de América Latina y el Caribe

Associação Brasileira de Editoras Universitárias

Sumário

Breve descrição do conteúdo 7
Apresentação do autor 11
Roxana Guadalupe Herrera Alvarez

1. A ameaça do fantástico 29
2. O fantástico como desestabilização do real: elementos para uma definição 75
3. Contexto sociocultural e efeito fantástico: um binômio inseparável 109
4. Rumo a uma teoria sobre o medo e o fantástico 131
5. O fantástico como problema de linguagem 163
6. Grotesco vs. Fantástico: um problema de dominante 189

Referências bibliográficas 205

Breve descrição do conteúdo

Neste livro reuni seis artigos nos quais me concentro em questões exclusivamente teóricas sobre a definição do fantástico, sempre a partir de minha própria concepção de tal categoria. São textos publicados entre os anos de 2001 e 2011, e entre eles há uma evidente relação, uma vez que alguns são continuação e desenvolvimento de textos anteriores (como o leitor poderá perceber, já que há ideias repetidas, amplificadas e até revisadas de um artigo a outro). Com eles percorro alguns dos conceitos que me parecem essenciais para definir e delimitar o que eu entendo por fantástico. Por isso, estes textos, ainda que publicados de modo autônomo, podem ser lidos conjuntamente como uma proposta de definição, a partir do que tento conjugar os diversos aspectos que, a meu ver, determinam o funcionamento, o sentido e o efeito do fantástico, sem que isso deva ser entendido como uma rejeição às diferentes concepções existentes até hoje. O que aqui exponho, a partir do debate com as definições precedentes (e das dúvidas que suscitam), é minha própria teoria do fantástico, concebendo essa categoria como um discurso em constante relação intertextual com esse outro discurso que é a realidade, entendida sempre como uma construção cultural.

Nestes artigos analiso, assim, vários conceitos centrais que permitem desenhar com bastante clareza o mapa desse território que chamamos de fantástico: a realidade, o impossível, o medo e a linguagem. Quatro conceitos que atravessam as questões e os problemas essenciais que articulam toda reflexão teórica sobre o fantástico: sua relação necessária com a ideia do real (e, portanto, do possível e do impossível), seus limites (e as formas que habitam aí, como o maravilhoso, o realismo mágico ou o grotesco), seus efeitos emocionais e psicológicos sobre o receptor, e a transgressão que supõe para a linguagem a vontade de expressar o que, por definição, é inexpressável, pois está além do pensável. No exame de tais conceitos recorri a múltiplas perspectivas, que se inter-relacionam de maneira evidente: da teoria da literatura e do comparatismo à linguística, passando pela filosofia, pela ciência e pela cibercultura.

Da mesma maneira, a ideia do fantástico que proponho aqui tem mais a ver com uma categoria estética que com um conceito circunscrito aos limites estreitos e às convenções de um gênero. Por isso, ainda que a maior parte dos exemplos convocados sejam literários e fílmicos, esta concepção do fantástico como categoria estética permite oferecer uma definição de caráter multidisciplinar, válida tanto para a literatura e o cinema quanto para o teatro, os quadrinhos, os *games* e qualquer outra forma artística que reflita o conflito entre o real e o impossível que caracteriza o fantástico.

Procedência dos textos

1. "La amenaza de lo fantástico", em David Roas (org.), *Teorías de lo fantástico*. Madrid: Arco/Libros (série Lecturas), 2001, p.7-42.

2. "Lo fantástico como desestabilización de lo real: elementos para una definición", em Teresa López Pellisa e Fernando Ángel Moreno (orgs.), *Ensayos sobre literatura fantástica y ciencia ficción*. Madrid: Universidad Carlos III, 2009, p.94-120.

3. "Contexto sociocultural y efecto fantástico: un binomio inseparable", em Ana María Morales e José Miguel Sardiñas (orgs.), *Odiseas de lo fantástico*. México: Coloquios Internacionales de Literatura Fantástica, 2004, p.39-56.

4. "Hacia una teoría sobre el miedo y lo fantástico", *Semiosis* (México), v.II, n.3 (jan.-jun. 2006), p.95-116.

5. "Lo fantástico como problema de lenguaje", texto apresentado no *II Colóquio "Vertentes do Fantástico na Literatura"*, maio de 2011.

6. "Grotesco *versus* fantástico. Un problema de dominante", versão ampliada de um artigo publicado em 2011 em *Tinta Expresa* (Lima, Peru).

Apresentação do autor

David Roas (Barcelona, 1965) é um conceituado especialista no campo da literatura fantástica. Professor de Teoria da Literatura e Literatura Comparada na Universidade Autônoma de Barcelona, possui várias obras acadêmicas, entre as quais se destacam *Teorías de lo fantástico* (2001), *Hoffmann en España: recepción e influencias* (2002), *El castillo del espectro: antología de relatos fantásticos españoles del siglo XIX* (2002), *De la maravilla al horror: los inicios de lo fantástico en la cultura española 1750-1860* (2006), *La realidad oculta: cuentos fantásticos españoles del siglo XX* (2008), em coautoria com a professora Ana Casas, *Cuentos fantásticos del siglo XIX: España e Hispanoamérica* (2009), *Poéticas del microrrelato* (2010), *La sombra del cuervo: Edgar Allan Poe y la literatura fantástica española del siglo XIX* (2011), *Tras los límites de lo real: una definición de lo fantástico* (2011), obra que recebeu o IV Premio Málaga de Ensayo José María González Ruiz, em 2011. Publicou diversos artigos e ensaios acadêmicos em diversos periódicos. Além desses estudos críticos, David Roas é um reconhecido escritor do gênero fantástico e publicou *Los dichos de un necio* (microrrelatos) (1996), *Celuloide sangriento* (romance-folhetim) (1996), *Horrores cotidianos* (2007, 2009), *Meditaciones de un arponero* (2008), *Distorsiones* (2010), que recebeu o prestigioso prêmio Setenil como melhor livro de contos publicado na Espanha em 2011, e *Intuiciones y delírios* (2012). Alguns dos seus contos foram publicados nas antologias *Mutantes: narrativa española de última generación* (2007), *Perturbaciones: antología del relato fantástico español actual* (2009), *Por favor, sea breve 2: antología de microrrelatos* (2009), *Antología del microrrelato español (1906-2011)*, *El cuarto género narrativo* (2012).

As trajetórias acadêmica e artística de David Roas o situam num lugar privilegiado, complexo e especialmente difícil. Enquanto teórico, a noção clara do percurso do fantástico, magistralmente seguido nas páginas que constituem a sua obra crítica, debruçada tanto no conceito e na história do gênero em diversas latitudes quanto no território espanhol, tornam-no um crítico lúcido e bem preparado. E sua necessidade de expressão artística, quiçá intuída quando, aos 6 ou 7 anos, tem o primeiro encontro fascinante com uma das mais célebres narrativas de Edgar Allan Poe, "O gato preto",[1] levam-no a optar,

---

1 David Roas, no programa "Bojos per Poe", transmitido pela Televisió de Catalunya em ocasião da comemoração dos duzentos anos do nascimento de Edgar Allan Poe (1809-1949), relata que quando tinha 6 ou 7 anos de idade teve contato com o conto "O gato preto". Muito provavelmente não compreendeu muito bem, segundo diz o próprio Roas, mas lembra ter ficado profundamente impressionado e horrorizado

aos 20 anos de idade, pelo fantástico como forma completa e ideal de composição literária, condizente com sua visão de mundo, como se verá adiante.[2]

No entanto, o trabalho acadêmico e o cultivo da vocação literária exigem, em certo sentido, a cisão da consciência perceptiva, de tal modo que David Roas tem sustentado, em algumas ocasiões, que esses dois lados de sua expressão intelectual coexistem como o Dr. Jekyll, o pesquisador, e Mr. Hyde, o escritor, os conhecidos personagens do romance de Robert Louis Stevenson.[3] Pela escolha do símil é possível compreender o jogo complexo e incontrolável que se instaura no íntimo do autor espanhol e que se expressa em sua obra crítica e literária.

O grande desafio que se impõe a David Roas é, enquanto crítico, ter o distanciamento necessário para apreciar o lugar de sua própria obra literária no cenário artístico espanhol atual e, despojando-

---

ao ponto de não conseguir largar o conto. Talvez esse momento constitua o marco precoce da sua iniciação literária. Ver http://www.tv3.cat/videos/1052739.

2 No livro *A esfera da percepção: considerações sobre o conto de Julio Cortázar* (2012) sustentamos que os artistas e, mais especificamente, os escritores passam, na infância, por um processo de conformação da percepção que os fará procurar quando adultos uma forma de expressão artística, precisamente porque a configuração de sua sensibilidade foi submetida a uma série de estímulos decisivos para a busca de expressão futura. Evidentemente, isso está profundamente relacionado com o conceito piagetiano de *função simbólica*.

3 David Roas expõe, no vídeo produzido pelo Instituto Cervantes de Dublin (2011), uma particular visão de sua atuação como crítico e escritor: tentar manter essas duas partes do seu ser, que se complementam, trabalhando juntas, sem permitir que uma exerça domínio sobre a outra. Ver Encuentros em la biblioteca del Instituto Cervantes de Dublin, disponível em: http://www.youtube.com/watch?v=D-5k7fZBFYU.

-se de uma postura de falsa modéstia, aceitar que os contos que escreve estão contribuindo significativamente para dotar de identidade, junto com a obra de outros escritores, a literatura fantástica espanhola atual. E esse exercício crítico aplicado aos próprios contos, por uma obrigação imposta pela abordagem do seu objeto de estudo, qual seja a literatura fantástica, torna Roas um caso singular nos estudos críticos contemporâneos de literatura fantástica espanhola.

Não raro, quando o crítico David Roas elabora em seus escritos acadêmicos as referências obrigatórias a um conjunto importante de escritores fantásticos espanhóis, tem de incluir seu próprio nome como escritor. E esse jogo de se desdobrar em crítico e escritor o torna um interessante caso de duplo – como é sabido, um dos temas recorrentes da literatura fantástica.

David Roas e o fantástico: o crítico e o escritor

No cenário da literatura espanhola, o fantástico surge no Romantismo e tem se estendido sem interrupção até os dias atuais. No entanto, até anos recentes, não recebeu a devida atenção por parte da crítica, que sempre considerou o Realismo a marca preponderante da literatura espanhola, como afirmam David Roas e Ana Casas.[4]

---

4 David Roas e Ana Casas, na Introdução do número especial "Lo fantástico en España (1980-2010)", publicado pela revista *Ínsula* (Madrid, n.765, p.1, set. 2010) fazem uma apreciação da presença do fantástico na literatura espanhola apontando

Segundo a visão de Roas e Casas, a mudança de perspectiva da crítica espanhola a partir da década de 1980 – quando há o reconhecimento e a aceitação da presença do fantástico na literatura espanhola, pautando-se pela redescoberta e valorização do gênero cultivado ao longo dos séculos XIX e XX –, propicia o surgimento de um espaço de discussão profícuo em torno do fantástico e seu modo de expressão contemporâneo, que não se limita à literatura, mas que abrange também o cinema e as histórias em quadrinhos.

E como o próprio Roas reconhece, os tempos atuais são, sem dúvida, favoráveis ao surgimento de escritores dedicados ao fantástico no contexto espanhol. E essa situação atual tem antecedentes nos cinco primeiros anos da década de 1980, quando são publicadas obras importantes do gênero.[5] A opção de escritores consagrados e o surgimento de novos autores que têm em comum a escolha do fan-

---

a visão que a crítica tem sustentado ao longo de boa parte do século XX. Assinalam como essa visão começa a mudar a partir da década de 1980, abrangendo os diversos segmentos da produção literária: escritores, leitores, editores, críticos e setores acadêmicos, que passam a aceitar de forma positiva a expressão do fantástico na literatura espanhola.

5 David Roas, em seu artigo "La narrativa fantástica en los años 80 y 90: auge y popularización del género", publicado na revista *Insula* (Madrid, n.765, p.3-6, set. 2010), traça a cronologia das obras que, surgidas entre 1980 e 1984, colocariam as bases do que nos anos atuais constitui o gênero fantástico cultivado na Espanha. Destaca os autores Cristina Fernández Cubas, Ricardo Doménech, José María Merino, José Ferrer-Bermejo, Alfonso Sastre, Pedro Zarraluki, Javier García Sánchez e Pilar Pedraza como precursores do fantástico atual e reconhece o pioneirismo de obras que, na época em que foram publicadas, entre 1980 e 1984, receberam pouca atenção da crítica.

tástico para sua expressão literária nesse período, constitui o que para Roas e Casas são os "anos de normatização", descritos como os anos de reconhecimento do fantástico tanto por parte dos escritores e leitores quanto de boa parte da crítica e das editoras. É notável a quantidade de obras que começam a ser publicadas com sucesso a partir da referida década de 1980 até o ano 2000. São livros de contos que incluem relatos fantásticos, livros de microcontos e alguns poucos romances.[6]

Os "anos de normatização", situados, como apontado, na década de 1980, estão caracterizados, segundo Roas, pela mudança de atitude em relação ao conto, fato que pode ser interpretado como uma espécie de ressurgimento da narrativa curta; a valorização da fantasia e da imaginação em contraste com a literatura voltada ao realismo social e testemunhal; e a retomada do prazer de narrar, um pouco esquecido por causa dos experimentalismos dos anos 1970.[7] A isso se acrescenta a influência dos escritores argentinos Jorge Luis Borges (1899-1986) e Julio Cortázar (1914-1984), reconhecidos mestres do conto e do fantástico, além de outros importantes autores hispano-americanos como Horacio Quiroga e Adolfo Bioy Casares, só para citar alguns. Segundo Roas, esses escritores permitiram mostrar, com suas obras de qualidade e dotadas de complexidade e novos temas e formas de composição, as possibilidades que os relatos fantásticos espanhóis poderiam atingir.

---

[6] David Roas, La narrativa fantástica en los años 80 y 90, op. cit,. p.3.
[7] Ibid., p.4.

Outros elementos decisivos serão o reconhecimento de influências de obras literárias europeias e norte-americanas dos séculos XIX e XX (traduzidas, algumas pela primeira vez, nos anos 1980), e a importância do cinema fantástico e de terror e os seriados de televisão que exploram também esses temas. Todos esses fatores serão fundamentais para a criação de uma nova perspectiva que resgatará o fantástico do mundo da subliteratura ao qual tinha sido relegado no cenário literário espanhol e, nessa tarefa, o mundo acadêmico desempenhará um importante papel, segundo aponta Roas.[8]

Sem dúvida, a mudança de perspectiva em relação ao conceito de real e do indivíduo gera, nas décadas de 1980 e 1990, a busca de uma nova expressão literária, e a escolha incide sobre a exploração de motivos e modos de narrar vinculados à literatura fantástica.[9] Isso conduz a um objetivo

---

8 Roas observa que as obras de reconhecidos teóricos estrangeiros como Roger Caillois, Louis Vax, Tzvetan Todorov, Irène Bessière estimularam as pesquisas sobre obras e escritores da literatura fantástica no âmbito acadêmico espanhol, levando a uma abertura para a aceitação do fantástico como expressão literária (Ibid., p.4).

9 Roas afirma que os avanços da física einsteiniana e da mecânica quântica, da neurobiologia, da filosofia construtivista e as novas tecnologias têm modificado radicalmente a ideia de realidade como objeto de percepção, ao ponto de conduzir a uma noção de que a realidade é instável, caótica e inexplicável por si mesma. Em decorrência disso, as noções de indivíduo e de identidade também se modificam e se contaminam dessa nova visão. No entanto, isso não impede que os seres humanos construam para si um cenário cujos limites seguros lhes permitem se movimentar com relativa confiança, um cenário alimentado por conjuntos de regras arbitrários, nascidos da necessidade urgente de obter um pouco de segurança (Ibid., p.4).

perseguido por essa nova literatura fantástica que, na percepção de Roas, é "precisamente, desestabilizar [os] limites, questionar a validade dos sistemas de percepção do real que todos compartilhamos".[10] No entanto, essa nova literatura fantástica se afasta da cultivada em outros períodos porque propõe revelar a anormalidade inserida na própria ordem do real por meio de imperceptíveis alterações que transformam, de repente, o normal e familiar em inquietante instabilidade.

Para a obtenção e estabilização desse novo fantástico, Roas assinala, nas obras produzidas nas décadas de 1980 e 1990 na Espanha, um conjunto de características cujo objetivo será reformular, a partir das novas maneiras de conceber o real e o indivíduo, as convenções que o fantástico foi estabelecendo desde as origens. Essa reformulação supõe encontrar novas formas de trabalhar os temas e enredos, pois os leitores, já habituados às convenções do fantástico, podem não se inquietar nem se surpreender se submetidos a tramas previsíveis. Dessa forma, o escritor dessas décadas precisa oferecer situações cada vez mais engenhosas e insólitas, capazes de desafiar as expectativas do leitor conhecedor das convenções do fantástico. E Roas identifica e estabelece dois mecanismos fundamentais da renovação do fantástico no âmbito espanhol dessa época: a metaficção e a transgressão linguística.

---

10 "El objetivo de la literatura fantástica es, precisamente, desestabilizar dichos límites, cuestionar la validez de los sistemas de percepción de lo real que todos compartimos" (Ibid., p.4).

Assim, a metaficção, recurso amplamente utilizado por Borges e Cortázar, postula a confluência entre realidade e ficção, proposta como uma continuidade que se revela impossível por incluir duas ordens irreconciliáveis.[11] Já a transgressão linguística supõe a impossibilidade de o real e o mundo poderem se exprimir pela linguagem. E essa relação entre linguagem e expressão do mundo deriva, na ficção, na ameaça de que o silêncio ou a falta da melhor palavra possa anunciar o desaparecimento do mundo e do real. Ambos os recursos, metaficção e transgressão linguística, são trabalhados na ficção elaborada pelos escritores espanhóis cultivadores desse fantástico renovado do período mencionado e têm constituído a base para o fantástico elaborado na primeira década do século XXI.

Como é possível apreciar, a postura crítica de Roas parte da busca da compreensão do fantástico como forma de expressão que foi conquistando paulatinamente, graças ao trabalho de vários escritores devotados ao fantástico ou de cultivadores eventuais, seu lugar atual no cenário das letras espanholas. E para melhor compreender o fantástico, Roas, enquanto crítico, vale-se de abordagens que vão da conceituação do fantástico em si, passando

---

[11] Um dos contos mais emblemáticos no campo da metaficção é, sem dúvida, "Continuidad de los parques", de Julio Cortázar. Para o leitor externo ao conto (porque há um leitor interno que desfruta lendo um romance), não é possível estabelecer, dentro da narrativa, quando começa e quando termina a ficção que se tece. Ambos, a ficção referida e o real dentro do conto, convergem num movimento imperceptível, que significa um golpe magistral destinado a derrubar as certezas em relação ao que são realidade e ficção.

pelo mapeamento histórico do seu surgimento e configuração, até a elaboração de séries canônicas de obras e autores representativos. Esse papel crítico é, sem dúvida, de suma importância para a compreensão da feição particular do fantástico espanhol diante de outras latitudes, muito embora a postura crítica de Roas seja a de tentar, a partir do estudo do fantástico no âmbito espanhol, caracterizar a literatura fantástica como fenômeno de expressão humana e artística contemporânea, pós-moderna e global. Tal como ele conceitua sua própria obra literária fantástica, não necessariamente identificada com o entorno espanhol.[12]

O maquinismo do duplo roasiano, expresso no contraste entre Dr. Jekyll, o pesquisador, e Mr. Hyde, o escritor, como citado, fica mais evidente quando, numa mesma publicação (como é o caso do número especial do periódico literário madrileno *Insula*, publicado em 2010 e dedicado à literatura fantástica espanhola), Roas se identifica como organizador do número e crítico acadêmico, pertencente à Universidade Autônoma de Barcelona, e como escritor de relatos fantásticos. Como teórico, traça o percurso do fantástico em direção a sua consolidação e aceitação no cenário literário espanhol atual, e como escritor, posiciona-se como um dos escritores contemporâneos em busca de uma nova expressão.

---

12 David Roas afirma, no vídeo produzido pelo Instituto Cervantes de Dublin (2011), que sua ideia de literatura e os contos que produz não estão identificados com ideias localistas, pois leitores de diversos países, como Brasil, França, Suíça, têm se mostrado receptivos a sua obra (ver Encuentros em la biblioteca del Instituto Cervantes de Dublin. Disponível em: http://www.youtube.com/watch?v=D-5k7fZBFYU.

Segundo o autor, a literatura fantástica espanhola está numa fase propícia para o cultivo desse gênero, com escritores nascidos entre 1960 e 1975 cuja produção revisita o fantástico a partir de variadas abordagens.[13] No entanto, não se trata de uma geração, com um programa literário comum, e sim de um movimento guiado por propósitos estéticos profundamente conectados com as necessidades e problemas existenciais contemporâneos.

Um dos objetivos do fantástico atual é oferecer ao leitor histórias que o façam experimentar uma indescritível inquietação ante a falta de sentido revelada e percebida no seu contexto real e cotidiano. E entre os mecanismos propostos por essa nova literatura fantástica para atingir esse propósito, destaca-se o emprego do humor, da paródia e da ironia, que caracteriza o fantástico cultivado por David Roas enquanto escritor. No entanto, longe de provocar o riso do leitor, o fantástico de Roas, ao se aliar ao humor, à ironia e à paródia, impõe o desvendamento daquilo que, entranhado no contexto real e cotidiano do leitor, constitui o mais terrífico de sua existência: descobrir-se completamente desprovido de sentido, imerso num mundo povoado de convencionalismos e banalidades, que o levam à constatação de sua insignificância diante do que não consegue explicar satisfatoriamente para si mesmo. Por esse motivo, as situações abordadas por Roas em sua ficção emulam a vida dos indivíduos comuns e suas vivências, mas as personagens

---

13 O próprio David Roas reflete sobre essa nova geração de escritores no texto que faz parte do livro *Tras los limites de lo real. Una definición de lo fantástico*, Madrid: Páginas de Espuma, 2011 (ainda sem tradução para o português).

são levadas a se deparar com eventos reveladores de sutis incongruências, desenhando as fissuras que inevitavelmente eclodirão na ruína total de suas esperanças e certezas, junto com a sua noção de mundo real e cotidiano. Diante dessa revelação, o leitor é levado a compartilhar desse destino inusitado das personagens e a se questionar em profundidade, sem deixar de esboçar um leve sorriso ou de se abandonar a uma acre gargalhada.[14]

Outra das características da ficção de Roas é sua opção pelo cultivo do conto e do miniconto, por considerá-los um gênero que se adapta muito bem a sua concepção do fantástico, ideia em perfeita consonância com as propostas estéticas de escritores como Edgar Allan Poe, Jorge Luis Borges, Julio Cortázar, para citar alguns dos autores mais emblemáticos do gênero. No entanto, é preciso frisar que, para Roas, o conto e o miniconto são expressões do mesmo gênero porque, segundo sua perspectiva, não possuem traços marcantes que os diferenciem, além da extensão. Todas as características discursivas, formais, temáticas e pragmáticas do conto estão presentes no miniconto. A diferença entre ambos reside na enorme tensão exigida para que, numa extensão hiperbreve, como é a do miniconto, a história narrada funcione e o efeito do fantástico seja obtido.[15]

---

14 Parte da obra ficcional de David Roas foi traduzida para o português por Celso Fernando Rocha e Roxana Guadalupe Herrera Alvarez, e recolhida no livro *Exceções e outros contos fantásticos*, que aguarda publicação.

15 David Roas, numa entrevista publicada no número 3 de *Fix100 – Revista Hispanoamericana de Ficción Breve*, discorre sobre essas diferenças e aproximações entre o conto e o miniconto. A entrevista encontra-se disponível em: http://www.cpecperu.org/docs/cpec/pdf/Fix100_3_abril.pdf.

Enquanto escritor, Roas escolhe, segundo o tipo de história que deseja narrar, o miniconto quando o momento do clímax é mais importante do que o desenvolvimento do conflito, a construção das personagens ou do espaço. Nesse sentido, seus minicontos se constroem ao redor de revelações abruptas e contundentes, vindas de ângulos desconhecidos e inusitados da realidade, que parecem estar sempre à espreita dos desavisados personagens e leitores. Já o conto é escolhido quando Roas aposta na construção de personagens que emulam indivíduos comuns, devotados a vivências corriqueiras que, repentinamente, deparam-se com situações desafiadoras das suas certezas acerca do real. E esse enfrentamento com o inusitado marcará os rumos da narrativa em direção ao radical questionamento do que seja o mundo e a experiência vital do próprio leitor. Por isso, a opção de Roas pelo cultivo do conto e do miniconto expõe uma das suas obsessões de escritor: a certeza de que a realidade expressa em linhas breves é muito mais do que aparenta, e a constatação da inabilidade humana para percebê-la cabalmente. Daí a escolha de temas que se constroem em torno do fracasso, da incapacidade de se adaptar às circunstâncias ou do gritante descompasso entre as situações narradas e as reações que convencionalmente caberia esperar das personagens. Tudo isso trabalhado numa prosa que se articula por meio de descrições econômicas, ambientações que sutilmente se encaminham à urdidura da incongruência, produzindo no leitor, à medida que lê, a sensação de que algo não se enquadra. E é precisamente essa sensação o prenúncio da materialização do efeito do fantástico perseguido pelo autor.[16]

A visão do fantástico de David Roas

Para Roas, é importante frisar que o fantástico não se confunde com a simples fantasia, com o jogo com o maravilhoso ao estilo de Tolkien. O fantástico, para o escritor espanhol, nutre-se do real, é profundamente realista, porque sempre oferece uma transgressão dos parâmetros que regem a ideia de realidade do leitor. Para conseguir esse efeito, é necessário estabelecer, em primeiro lugar, uma identidade entre o mundo ficcional e a realidade extratextual. Mas não basta reproduzir no texto o funcionamento físico dessa realidade, que é condição indispensável para produzir o efeito de fantástico; é preciso que o espaço da ficção seja uma duplicação do âmbito cotidiano em que está situado o leitor. Ele deve reconhecer e se reconhecer no espaço representado pelo texto. Por isso o fantástico é inquietante, constitui uma subversão do nosso mundo.

A perspectiva teórica acerca do fantástico exposta por David Roas em seu ensaio *A ameaça do fantástico – Aproximações teóricas* que o leitor tem em mãos, estabelece, ao longo de seis capítulos, um painel elucidativo sobre as diversas concepções teóricas que

---

[16] Para conhecer parte da obra ficcional de David Roas, sugerimos visitar os *sites*: *Sea breve, por favor* [seabreveporfavor.com/tag/david-roas/], *Preferiría no hacerlo. Revista de Literatura* [http://www.preferirianohacerlo.com/blog-prefereria-no-hacerlo/palabras-de-david-roas/], *Letras de Chile* [www.letrasdechile.cl/Joomla/index.php/microcuentos/1200-1200].

têm pautado os estudos sobre o fantástico e aponta as principais diretrizes contemporâneas. Roas destaca que a maior parte dos críticos coincide em apontar que a presença de um fenômeno sobrenatural é indispensável para que o efeito do fantástico seja produzido nos relatos. Sobrenatural seria tudo aquilo que transcende a realidade humana, aquilo que transgride as leis que regem o mundo real e não pode ser explicado porque não existe segundo essas leis. Mas isso não significa que todos os textos nos quais aparece um fenômeno sobrenatural sejam fantásticos. Nas epopeias gregas, nas novelas de cavalaria, nos relatos utópicos ou de ficção científica é possível encontrar elementos sobrenaturais, mas isso não é fundamental para a caracterização desses subgêneros. No entanto, a literatura fantástica é o único gênero literário que não pode funcionar sem a presença do sobrenatural. E, para que funcione, o relato fantástico deve criar um espaço similar ao habitado pelo leitor, um espaço que será invadido por um fenômeno desestabilizador. Por esse motivo, o sobrenatural será sempre uma ameaça para a realidade, cujas leis parecem imutáveis.

O fantástico situa o leitor diante do sobrenatural com o propósito de levá-lo a perder sua segurança diante do mundo real. E esse fenômeno se mostra irredutível, não é possível inseri-lo no contexto do conhecido nem assimilá-lo. Nesse ponto, Roas destaca a importância da elaboração linguística como elemento decisivo na produção do efeito do fantástico sobre o leitor.

Afirma também que o leitor precisa contrastar o fenômeno sobrenatural com a concepção de real, uma vez que toda representação da realidade depende do modelo de mundo de uma dada cultura. A participação ativa do leitor é fundamental para a existência do fantástico, porque o leitor precisa contrastar a história narrada com o real extratextual para considerá-lo como relato fantástico. O fantástico dependerá sempre do que seja considerado real e o real depende do conhecido. Nesse sentido, Roas destaca as contribuições da Física e outras ciências no que diz respeito à compreensão de diversos fenômenos, e como essa visão científica tem sido assimilada por teóricos e escritores e também pelos leitores, possibilitando novas abordagens em relação ao real e ao fantástico.

Outro ponto fundamental da abordagem de Roas diz respeito ao contraste entre fantástico e grotesco. Ambos possuem afinidades em relação a alguns efeitos sobre o leitor, no entanto, o grotesco constitui uma transgressão que almeja, entre outras coisas, deformar o real conhecido para produzir o riso.

Em suma, Roas propõe uma abordagem caleidoscópica do fantástico, apoiada na incursão em diversos campos do conhecimento, o estético, linguístico, científico e filosófico, configurando um convite a adentrar no território sempre inquietante do fantástico.

Roxana Guadalupe Herrera Alvarez
Departamento de Letras Modernas – IBILCE/Unesp

Referências bibliográficas

ALVAREZ, R. G. H. *A esfera da percepção: considerações sobre o conto de Julio Cortázar*. São Paulo: Cultura Acadêmica, 2012.

Encuentros en la biblioteca del Instituto Cervantes de Dublin, 2011. Disponível em: http://www.youtube.com/watch?v=D-5k7fZBFYU. Acesso em: 15 maio 2013.

FIX100 – Revista Hispanoamericana de Ficción Breve. Fixture: entrevista a David Roas. Peru, n.3, p.9-13, abr. 2012. Disponível em: http://www.cpecperu.org/docs/cpec/pdf/Fix100_3_abril.pdf. Acesso em: 15 maio 2013.

ORTEGA, Gabriel Ruiz. David Roas, escritor: "Para mí el humor es una forma de pensar y de enfrentarme a lo real, a esos horrores cotidianos que nos acechan. Una posición frente al mundo". Disponível em: http://letras.s5.com/gro060911.html. Acesso em: 15 maio 2013.

ROAS, D. *La amenaza de lo fantástico. Teorías de lo fantástico*. Madrid: Arco Libros, 2001. p.7-44.

_____. La narrativa fantástica en los años 80 y 90: auge y popularización del género. *Insula*, Madrid, n.765, p.3-6, sep. 2010.

_____. Exploradores de lo (ir)real. Nuevas voces de lo fantástico en la narrativa española actual. *Boletín de la Biblioteca de Menéndez Pelayo*, año LXXXVII, en-dic. 2011, p.295-316.

_____. *Tras los límites de lo real*. Una definición de lo fantástico. Madrid: Páginas de Espuma, 2011.

_____; CASAS, A. Introducción. Lo fantástico en España (1980-2010). *Insula*, Madrid, n.765, p.1, sep. 2010.

TELEVISIÓN DE CATALUNYA. Millenium perguntes amb resposta "Bojos per Poe". 2009. Disponível em: http://www.tv3.cat/videos/1052739. Acesso em: 15 maio 2013.

TRIGOS, Rubén Sánchez. David Roas: "La realidad es demasiado desquiciada y absurda". Disponível em: http://www.culturamas.es/blog/2010/11/23/david-roas-la-realidad-es-demasiado-desquiciada-y-absurda/. Acesso em: 15 maio 2013.

1.
A ameaça do fantástico

Não pode ser, mas é.

J. L. Borges, *O livro de areia*

O interesse crítico pela literatura fantástica tem gerado nos últimos cinquenta anos um considerável *corpus* de aproximações ao gênero a partir de diversas correntes teóricas: estruturalismo, crítica psicanalítica, mitocrítica, sociologia, estética da recepção, desconstrução. Como resultado disso, contamos com uma grande variedade de definições que, tomadas em conjunto, serviram para iluminar uma boa quantidade de aspectos do gênero fantástico – ainda que também seja verdade que muitas dessas visões são excludentes entre si, limitando-se a aplicar os princípios e métodos de uma determinada corrente crítica. É por isso que ainda não contamos com uma definição que considere em conjunto as múltiplas facetas disso que demos por chamar literatura fantástica.

As páginas que se seguem são uma nova tentativa de definição, na qual tentei conjugar os diversos aspectos que, a meu ver, nos permitem determinar que um texto é fantástico, sem que isso deva ser entendido como uma rejeição às diferentes concepções que apareceram até o momento. O que vou fazer é explicar minha própria ideia do fantástico, utilizando o que me pareceu mais acertado nos diversos aportes teóricos antes citados, algo que servirá, além disso, para apresentar e comentar alguns deles.

O fantástico diante do maravilhoso

A maioria dos críticos coincide em assinalar que a condição indispensável para que se produza o efeito fantástico é a presença de um fenômeno sobrenatural.[1] Mas isso não quer dizer que toda a literatura com intervenção do sobrenatural deva ser considerada fantástica. Nas epopeias gregas, nos romances de cavalaria, nas narrativas utópicas ou na ficção científica[2] podemos encontrar elementos sobrena-

---

[1] Utilizo o termo "sobrenatural" em um sentido mais amplo que o etimológico, em que está ligado a um claro significado religioso (refere-se à intervenção de forças de origem demiúrgica, angélica e/ou demoníaca). Talvez fosse mais adequado empregar o termo "preternatural" (já usado, por exemplo, por Feijoo ao se referir às histórias sobre vampiros e fantasmas), mas optei aqui pelo primeiro já que é o mais habitual para designar tudo aquilo que transcende a realidade humana.

[2] Alguns críticos costumam incluir a ficção científica dentro da literatura fantástica, uma vez que os contos desse gênero narram acontecimentos "impossíveis" em nosso mundo.

turais, mas essa não é uma condição *sine qua non* para a existência de tais subgêneros. Em comparação a esses, a literatura fantástica é o único gênero literário que não pode funcionar sem a presença do sobrenatural. E o sobrenatural é aquilo que transgride as leis que organizam o mundo real, aquilo que não é explicável, que não existe, de acordo com essas mesmas leis. Assim, para que a história narrada seja considerada fantástica, deve-se criar um espaço similar ao que o leitor habita, um espaço que se verá assaltado pelo fenômeno que transtornará sua estabilidade. É por isso que o sobrenatural vai supor sempre uma ameaça à nossa realidade, que até esse momento acreditávamos governada por leis rigorosas e imutáveis. A narrativa fantástica põe o leitor diante do sobrenatural, mas não como evasão, e sim, muito pelo contrário, para interrogá-lo e fazê-lo perder a segurança diante do mundo real.

Pensemos, por exemplo, em um dos recursos básicos da narrativa fantástica: o fantasma. A aparição incorpórea de um morto não é apenas aterrorizante como tal (o que tem a ver com o medo dos mortos que, definitivamente, representam *o outro*, o não humano),[3] mas também supõe a transgressão

---

Mas "impossível" não quer dizer "sobrenatural", levando em conta, além disso, que tais acontecimentos têm uma explicação racional, baseada em futuros avanços científicos ou tecnológicos, sejam eles de origem humana ou extraterrestre.

[3] Claro que, por sua vez, o fantasma, tal como o vampiro ou como o ser criado por Victor Frankenstein, reflete o desejo humano pela imortalidade. Seria possível acrescentar aqui outros experimentos que revelam formas de vida pós-morte, como o narrado por Edgar Allan Poe em "A verdade sobre o caso do sr. Waldemar" (1845).

das leis físicas que ordenam nosso mundo: primeiro, porque o fantasma é um ser que voltou da morte (o termo francês *revenant* para se referir a ele expressa muito claramente essa ideia) para o mundo dos vivos em uma forma de existência radicalmente diferente da deles e, como tal, inexplicável; e, segundo, porque para o fantasma não existem nem o tempo (em princípio, ele está condenado a sua "existência" peculiar para toda a eternidade), nem o espaço (vale lembrar, por exemplo, a imagem tópica do fantasma atravessando paredes). Essa característica transgressora é a que determina seu valor no conto fantástico.

Baseada, portanto, na confrontação do sobrenatural e do real dentro de um mundo ordenado e estável como pretende ser o nosso, a narrativa fantástica provoca – e, portanto, reflete – a incerteza na percepção da realidade e do próprio eu; a existência do impossível, de uma realidade diferente da nossa, leva-nos, por um lado, a duvidar desta última e causa, por outro, em direta relação com isso, a dúvida sobre nossa própria existência, o irreal passa a ser concebido como real, e o real, como possível irrealidade. Assim, a literatura fantástica nos revela a falta de validade absoluta do racional e a possibilidade da existência, debaixo dessa realidade estável e delimitada pela razão na qual vivemos, de uma realidade diferente e incompreensível, alheia, portanto, a essa lógica racional que garante nossa segurança e nossa tranquilidade. Em última instância, a literatura fantástica manifesta a validade relativa do conhecimento racional, iluminando uma zona do humano onde a razão está condenada a fracassar.

Tudo isso nos leva a afirmar que, quando o sobrenatural não entra em conflito com o contexto em que os fatos acontecem (a "realidade"), não se produz o fantástico: nem os seres divinos (sejam eles da religião que forem), nem os gênios, as fadas e as demais criaturas extraordinárias que aparecem nos contos populares podem ser considerados fantásticos, na medida em que tais narrativas *não fazem intervir nossa ideia de realidade* nas histórias contadas. Em consequência, não se produz ruptura alguma dos esquemas da realidade. Esta situação define o que se deu por chamar literatura maravilhosa:

> No conto de fadas, o "era uma vez" situa os elementos narrados fora de toda atualidade e impede qualquer assimilação realista. A fada, o elfo, o duende do conto de fadas se movem em um mundo diferente do nosso, paralelo ao nosso, o que impossibilita toda contaminação. Pelo contrário, o fantasma, a "coisa inominável", o aparecido, o acontecimento anormal, insólito, impossível, o incerto, irrompem no universo familiar, estruturado, ordenado, hierarquizado, onde, até o momento da crise fantástica, toda falha, todo "deslizamento" pareciam impossíveis e inadmissíveis.[4]

Assim, diferentemente da literatura fantástica, na literatura maravilhosa o sobrenatural é mostrado como natural, em um espaço muito diferente do lugar em que vive o leitor (pensemos, por exemplo, no mundo dos contos de fadas tradicionais ou na Terra Média em que está ambientado *O senhor dos*

---

4 Bessière, *Le récit fantastique*, p.32.

anéis, de Tolkien). O mundo maravilhoso é um lugar totalmente inventado em que as confrontações básicas que geram o fantástico (a oposição natural/sobrenatural, ordinário/extraordinário) não estão colocadas, já que nele tudo é possível – encantamentos, milagres, metamorfoses – sem que os personagens da história questionem sua existência, o que permite supor que seja algo normal, *natural*. Cada gênero tem sua própria verossimilhança: colocado como algo normal, "real", dentro dos parâmetros físicos desse espaço maravilhoso, aceitamos tudo aquilo que acontece ali sem questioná-lo (não o confrontamos com nossa experiência do mundo). Quando o sobrenatural se converte em natural, o fantástico dá lugar ao maravilhoso.

O primeiro a marcar de maneira clara a dicotomia fantástico/maravilhoso foi Freud em seu artigo "Das Unheimliche" ("O estranho", 1919), onde ele mostra que o *unheimliche* apareceria a cada vez que nos distanciamos do lugar comum da realidade, isto é, quando nos confrontamos com o impossível: "tem-se um efeito sinistro quando se apagam os limites entre fantasia e realidade, quando aparece como real diante de nós algo que antes tínhamos como fantástico".[5] Mas, para Freud, nem todos os fenômenos sobrenaturais provocam efeito semelhante:

> [...] o universo do conto tradicional abandonou de antemão o terreno da realidade e professa abertamente o pressuposto das convicções animistas. O

---

5 Freud, Lo ominoso. In: _____, *Obras completas*, v.XVII: *De la historia de una neurosis infantil y otras obras (1917-1919)*, p.244.

cumprimento de desejos, as forças secretas, a onipotência do pensamento, a animação do inanimado, não podem exercer nos contos efeito sinistro algum, pois já sabemos que para a gênese desse sentimento se requer a perplexidade no julgamento sobre se o incrível superado não seria, porém, realmente possível, um problema que as próprias premissas do universo dos contos excluem por completo.[6]

Assim, tal como adverte Bessière, se uma narrativa aparentemente sobrenatural se refere a uma ordem já codificada (por exemplo, a religiosa), ela não é percebida pelo leitor como fantástica, uma vez que tem um referente pragmático que coincide com o referente literário.[7] A mesma coisa acontece com qualquer narração que tenha uma explicação científica.

Mas nem tudo está tão claro nessa divisão entre fantástico e maravilhoso, pois na literatura hispano-americana do século XX surgiu um tipo de narrativa que se situa a meio caminho entre ambos os gêneros: o "realismo maravilhoso" (também chamado de "realismo mágico").

---

6 Ibid., p.249.
7 Susana Reisz (Las ficciones fantásticas y sus relaciones con otros tipos ficcionales. In: Roas (org.), *Teorías de lo fantástico*, p.196), coincidindo com Bessière, afirma que o fantástico "não se deixa reduzir a um *Prv* ("possível segundo o relativamente verossímil") codificado pelos sistemas teológicos e pelas crenças religiosas dominantes, não admite seu enclausuramento em nenhuma das formas convencionalmente admitidas – questionadas em cada época apenas por minorias ilustradas – de manifestação do sobrenatural na vida cotidiana, como é o caso da aparição milagrosa no contexto das crenças cristãs ou da metamorfose no contexto do pensamento greco-latino."

O "realismo maravilhoso" propõe a coexistência não problemática do real e do sobrenatural em um mundo semelhante ao nosso. Assim, Chiampi (1980), para defini-lo, fala de uma "poética da homologia", isto é, de uma integração e equivalência absoluta do real e do extraordinário. Uma situação que se consegue mediante um processo de naturalização (verossimilização) e de persuasão, que confere *status* de verdade ao não existente. O realismo maravilhoso se vale de uma estratégia fundamental: desnaturalizar o real e naturalizar o insólito, isto é, integrar o ordinário e o extraordinário em uma única representação do mundo. Assim, os acontecimentos são apresentados ao leitor como se fossem corriqueiros. E o leitor, contagiado pelo tom familiar do narrador e com a falta de assombro tanto dele quanto dos personagens, acaba aceitando o narrado como algo natural: o "realismo maravilhoso" revela que "a maravilha está no seio da realidade sem problematizar até o paradoxo os códigos cognitivos e hermenêuticos do público".[8] Um exemplo perfeito disso é *Cem anos de solidão* (1967), o célebre romance de Gabriel García Márquez.

É desse modo, então, que o "realismo maravilhoso" se distingue, por um lado, da literatura fantástica, já que não se produz o enfrentamento sempre problemático entre o real e o sobrenatural que define o fantástico e, por outro, da literatura maravilhosa, ao ambientar as histórias em um mundo cotidiano até em seus mínimos detalhes, o que implica um modo de expressão realista – por isso o termo "rea-

---

8 Villanueva e Viña, *Trayectoria de la novela hispanoamericana actual. Del "realismo mágico" a los años ochenta*, p.45.

lismo maravilhoso". Não se trata, portanto, de criar um mundo radicalmente diferente do mundo do leitor, como é o do maravilhoso, mas de que nessas narrações o irreal aparece como parte da realidade cotidiana, o que significa, em última instância, superar a oposição natural/sobrenatural sobre a qual se constrói o efeito fantástico. Seria possível dizer, em conclusão, que se trata de uma forma híbrida entre o fantástico e o maravilhoso.[9]

Outra forma híbrida semelhante à descrita é a que se deu por chamar de "maravilhoso cristão", aquele tipo de narração de corte lendário e origem popular em que os fenômenos sobrenaturais têm uma explicação religiosa (seu desenlace se deve a uma intervenção divina).[10] Nesse tipo de narrativa, o aparentemente fantástico deixaria de ser percebido como tal uma vez que se refere a uma ordem já codificada (neste caso, o cristianismo), o que elimina toda possibilidade de transgressão (os fenômenos sobrenaturais entram no domínio da fé como acontecimentos extraordinários, mas não impossíveis). Isso explica outra das características fundamentais dessas narrativas: a ausência de

---

9 Em relação ao "realismo maravilhoso", ver, entre outros, Teodosio Fernández (Lo real maravilloso de América y la literatura fantástica. In: Roas (org.), *Teorías de lo fantástico*) e Chiampi (*O realismo maravilhoso. Forma e ideologia no romance hispanoamericano*).

10 Com isso me refiro à mediação de Deus, da Virgem Maria ou de algum santo, que ajuda ou castiga o protagonista da história. Não incluo aqui os contos sobre pactos demoníacos e outras intervenções diabólicas, já que neles o demônio deve ser entendido, para além de seu sentido religioso original, como simples encarnação do mal.

espanto no narrador e nos personagens.[11] A isso é preciso acrescentar outros elementos fundamentais que colaboram na criação de tal efeito: a enunciação distanciada do relato (o narrador ou os narradores não foram testemunhas do que narram; em vez disso, referem-se a uma antiga lenda que se conta em um determinado lugar), a ambientação rural e a distância temporal dos fatos narrados (seu distanciamento físico do mundo urbano, assim como a época remota em que se desenrolam os fatos, naturalizam o sobrenatural ao distanciá-lo do mundo e do tempo do leitor).[12] Todas essas características, unidas à explicação religiosa antes mencionada, impedem que o leitor coloque os acontecimentos do texto em contato com sua experiência do mundo cotidiano. Isso supõe que o que é narrado no conto não seja sentido como uma ameaça (ainda que autores como Nodier e Bécquer tenham converti-

---

11 Diferentemente da literatura fantástica, onde se duvida e não se compreende o sobrenatural porque não se pode aceitar sua existência, no "maravilhoso cristão" o sobrenatural é compreendido (e admirado) como uma manifestação da onipotência de Deus.

12 Como observa Sebold (Hacia Bécquer: vislumbres del cuento fantástico. In: G. A. Bécquer, *Leyendas*, p.xvi) a propósito desse aspecto, "nós não estamos dispostos a prestar fé a castigos tramados por forças sobrenaturais nem a pensar que um autor culto do século positivista acreditasse em tais fenômenos, mas podemos conceber que uma narradora camponesa [refere-se à de 'Beltrán' (1835), conto lendário de José Augusto de Ochoa] e seus ouvintes também camponeses fossem suficientemente ingênuos para aceitar essas coisas, e assim, por meio de tais intermediários, alcança-se já nas páginas de Ochoa a fé de segundo grau que será tão determinante para a arte fantástica becqueriana".

do muitas dessas lendas de inspiração religiosa em narrativas fantásticas aterrorizantes).

A diferença fundamental entre as duas formas híbridas (deixando de lado sua base ideológica e cultural) é que o "maravilhoso cristão" está construído em função desse momento de revelação final onde o milagre faz sua aparição (o que o aproxima da estrutura própria da narrativa fantástica "pura"), enquanto no "realismo maravilhoso" o natural e o sobrenatural (sempre pela perspectiva do leitor) convivem desde a primeira página, ou seja, são uma característica fundamental do mundo da narrativa.

A importância do contexto sociocultural

É evidente, portanto, a necessária relação do fantástico com o contexto sociocultural: precisamos contrastar o fenômeno sobrenatural com nossa concepção do real para poder qualificá-lo de fantástico. Toda representação da realidade depende do modelo de mundo de que uma cultura parte: "realidade e irrealidade, possível e impossível se definem em sua relação com as crenças às quais um texto se refere".[13]

Existem críticos, no entanto, que tentaram buscar uma qualidade imanente aos textos que induza a lê-los como fantásticos, para além de sua relação com o contexto sociocultural e com a sempre problemática intencionalidade autoral.

Todorov, em sua *Introduction à la littérature fantastique* [*Introdução à literatura fantástica*] (1970), obra

---

13 Segre, *Principios de análisis del texto literário*, p.257.

fundamental nos estudos sobre o gênero fantástico, propõe uma aproximação estruturalista que – à diferença de estudos precedentes, como os de Caillois (1958) e Vax (1960), centrados fundamentalmente no aspecto temático – tenta explicar o fantástico a partir do interior da obra, a partir de seu funcionamento. Sua intenção, em última instância, é elaborar uma caracterização formal do gênero fantástico.

O efeito fantástico, segundo Todorov, nasce da vacilação, da dúvida entre uma explicação natural e uma explicação sobrenatural dos fatos narrados. Confrontados com o fenômeno sobrenatural, o narrador, os personagens e o leitor implícito são incapazes de discernir se ele representa uma ruptura das leis do mundo objetivo ou se tal fenômeno pode ser explicado por meio da razão. Quando se opta por uma ou outra possibilidade, abandona-se, adverte Todorov, o terreno do fantástico para entrar em um gênero vizinho: o estranho (quando se aceita a explicação natural do acontecimento, isto é, quando as leis da realidade permitem explicar o fenômeno sem que se postule alteração alguma delas) ou o maravilhoso (quando há uma explicação sobrenatural aceita sem problemas). "O fantástico é a vacilação experimentada por um ser que não conhece mais que as leis naturais, diante de um acontecimento aparentemente sobrenatural."

Assim, segundo Todorov, apenas a vacilação nos permite definir o fantástico. Mas o problema dessa definição é que o fantástico fica reduzido a ser o simples limite entre dois gêneros, o estranho e o maravilhoso, que, por sua vez, se dividem em mais dois subgêneros: "estranho puro", "fantástico estranho", "fantástico maravilhoso" e "maravilhoso puro".

A ameaça do fantástico

Dessa classificação se deduz que o verdadeiramente fantástico se situa na linha divisória entre o "fantástico estranho" e o "fantástico maravilhoso": no primeiro, os fenômenos, aparentemente sobrenaturais, são racionalizados no final; já as narrativas que pertencem ao segundo grupo acabam com a aceitação do sobrenatural (o que as colocaria no âmbito do maravilhoso, e não do fantástico). Todorov reconhece, além disso, a dificuldade de distinguir as pertencentes a este último grupo daquelas que correspondem ao "fantástico puro".

No "estranho puro", por sua vez, nos deparamos com acontecimentos sobrenaturais que são explicados pela razão, mas que, ao mesmo tempo, se mostram incríveis; ele compartilha com o "fantástico puro" o sentimento de medo diante de tais acontecimentos. O "maravilhoso puro" é o gênero em que o sobrenatural, do ponto de vista do leitor, se converte em natural para as leis que regem o mundo da história.

Em conclusão, o fantástico é, para Todorov, essa categoria evanescente que se definiria pela percepção ambígua que o leitor implícito tem dos acontecimentos relatados, e que este compartilha com o narrador ou com algum dos personagens. A meu ver, esta é uma definição muito vaga e, sobretudo, muito restritiva do fantástico, pois, ainda que se mostre perfeita para definir narrativas como *A outra volta do parafuso* (1986), de Henry James,[14]

---

[14] Na recepção do romance de James, o leitor vacila entre duas explicações possíveis, sem poder optar claramente por nenhuma delas: ou os fantasmas que a governanta vê são reais, ou então são projeções de suas próprias neuroses

acaba excluindo muitas narrativas em que, longe de se propor um desenlace ambíguo, o sobrenatural tem uma existência efetiva: isto é, em que não há vacilação possível, já que só se pode aceitar uma explicação sobrenatural dos fatos (que, no fim, não é uma explicação sobrenatural, porque o fenômeno fantástico não pode ser racionalizado: o inexplicável se impõe à nossa realidade, transtornando-a). Claro que, pela classificação de Todorov, seria preciso situar essas narrativas dentro do subgênero do "fantástico maravilhoso", mas é evidente que não há nada nelas que possamos associar ao mundo do maravilhoso.[15] A transgressão que define o fantástico só pode ser produzida em narrativas ambientadas em nosso mundo, narrativas em que os narradores se esforçam por criar um espaço semelhante ao do leitor: pensemos, por exemplos, em *Drácula* (1897), ambientada em uma Inglaterra vitoriana retratada em todos os seus detalhes, onde só aparece um elemento impossível, o vampiro, que irrompe em tal realidade provocando sua ruptura. Como evidencia o romance de Stoker, o vampiro (e qualquer fenômeno sobrenatural), para seu devido funcionamento fantástico, deve ser sempre enten-

---

(fruto de suas frustrações sexuais), o que implica que ela assuste até a morte, com elas, o menino deixado sob sua responsabilidade.

15 Não deixa de ser curioso que Todorov advirta que o que torna uma história maravilhosa não é a atitude em relação aos acontecimentos relatados, e sim a própria natureza de tais acontecimentos. Como vemos, Todorov mistura diversos critérios a partir do que julga conveniente: às vezes utiliza a reação do leitor implícito e dos personagens, às vezes a natureza dos acontecimentos, como elementos para definir o fantástico e o maravilhoso.

dido como exceção, do contrário se converteria em algo normal, cotidiano, e não seria tomado como uma ameaça (não estou falando aqui, evidentemente, da ameaça física que o vampiro representa para suas vítimas), como uma transgressão das leis que organizam a realidade.[16]

Portanto, podemos concluir que a vacilação não pode ser aceita como único traço definitivo do gênero fantástico, pois não comporta todas as narrativas que costumam ser classificadas assim (e não há dúvida de que *Drácula* é uma delas). Em contraste, minha definição inclui tanto as narrativas em que a evidência do fantástico não está sujeita a discussão, quanto aquelas em que a ambiguidade é insolúvel, já que todas postulam uma mesma ideia: a irrupção do sobrenatural no mundo real e, sobretudo, a impossibilidade de explicá-lo de forma razoável.

Assim, então, em oposição à classificação de Todorov, acredito que seja mais útil e, sobretudo, menos problemático, utilizar o binômio literatura fantástica/literatura maravilhosa exposto nas páginas anteriores. É por isso que também não estou de acordo com a concepção "unitária" do gênero proposta por autores como Rodríguez Pequeño,[17] que reúne sob a denominação de literatura fantástica "o sobrenatural, o extraordinário, o maravilhoso, o inexplicável, enfim, tudo o que escapa à explicação

---

[16] Diferentemente do fantástico, no "realismo maravilhoso" o sobrenatural (do ponto de vista do leitor) não é proposto nunca como uma exceção, mas como algo habitual, cotidiano.

[17] Rodríguez Pequeño, Referencia fantástica y literatura de transgresión, *Tropelías*, n.2, 1991, p.152.

racional".[18] Ou seja, reúne sob a mesma epígrafe tanto a literatura fantástica como a maravilhosa, apoiando-se para isso na teoria dos mundos possíveis proposta por Albaladejo.[19] Para Rodríguez Pequeño só existe uma oposição, entre fantástico e real, sustentada na discutível afirmação seguinte: "O maravilhoso ocupa um lugar no fantástico e se opõe ao mundo real, do qual se diferencia da mesma maneira que o fantástico, isto é, pela transgressão".[20] Mas que transgressão pode estabelecer o mundo dos contos de fadas ou um mundo como o que Tolkien criou? O lugar em que transcorrem as ações de *O senhor dos anéis* não tem nada a ver com o funcionamento físico do nosso mundo, do que se deduz que nada do que ali aconteça pode ser sentido como ameaçador para a estabilidade

---

18 Eric S. Rabkin (*The Fantastic in Literature*) vai ainda mais longe ao propor que quase todo tipo de ficção não realista é fantástica, incluindo a narrativa policialesca e a ficção científica, gêneros em que o sobrenatural está ausente na maioria das ocasiões.

19 Albaladejo (*Teoría de los mundos posibles y macroestructura narrativa*, p.59) propõe uma classificação baseada em três tipos gerais de modelos de mundo, segundo a qual o fantástico tem lugar no tipo III, o do ficcional não verossímil: "a ele correspondem os modelos de mundo cujas regras não são as do mundo real objetivo nem são similares a elas, implicando sua transgressão. Esse é o tipo de modelo de mundo pelo qual se regem os textos de ficção fantástica, cujos produtores constroem estruturas de conjunto referencial que nem são nem poderiam ser parte do mundo real objetivo, ao não respeitar suas leis de constituição semântica". Essa definição tem a ver mais estritamente com o maravilhoso do que com o fantástico. Albaladejo e Rodríguez Pequeño confundem, a meu ver, o funcionamento de ambos os gêneros.

20 Rodríguez Pequeño, Referencia fantástica y literatura de transgresión, op. cit., p.153.

de nossa realidade. Porque, em última instância, não é nossa realidade, e sim um mundo autônomo, independente dela. O leitor do romance de Tolkien se sabe diante de um mundo absolutamente irreal, onde tudo é admissível, e onde, portanto, não existe possibilidade de transgressão. Como diz Barrenechea,[21] os acontecimentos são considerados maravilhosos "não porque sejam explicados como sobrenaturais, mas simplesmente porque não são explicados, sendo admitidos em conveniência com a ordem natural sem que provoquem escândalo ou que se veja neles qualquer problema".[22]

A participação ativa do leitor é, portanto, fundamental para a existência do fantástico: precisamos colocar a história narrada em contato com o âmbito do real extratextual para determinar se uma narrativa pertence ao gênero. O fantástico, portanto, vai

---

21 Barrenechea, Ensayo de una tipología de la literatura fantástica, *Revista Iberoamericana*, n.80, 1972, p.397.
22 No entanto, apesar da crítica lúcida que faz dos postulados de Todorov, Barrenechea sugere uma divisão tripartite do fantástico que é difícil de aceitar. As três categorias fantásticas que propõe são as seguintes: 1) "Tudo o que é narrado entra na ordem do natural"; 2) "Tudo o que é narrado entra na ordem do não natural"; 3) "Há mescla de ambas as ordens". Devo admitir que não entendo por que seria pertinente ao fantástico o primeiro grupo dessa classificação, uma vez que o sobrenatural está ausente, como fica perfeitamente demonstrado nos contos que a própria Barrenechea propõe como exemplo: entre outros, inclui "Instruções para subir uma escada", de Cortázar, e "O fim", de Borges. Vale lembrar que este último conto funciona como continuação do *Martín Fierro* e desenvolve uma cena do poema de Hernández: o duelo entre Moreno e o *gaucho* Martín Fierro, em que este morre. O sobrenatural não aparece em nenhum lugar, o que impede, portanto, que possamos considerá-lo fantástico.

depender sempre do que considerarmos real, e o real depende diretamente daquilo que conhecemos.

É fundamental, então, considerar o horizonte cultural quando encaramos as ficções fantásticas,

> já que elas se sustentam no questionamento da própria noção de realidade e tematizam, de modo muito mais radical e direto que as demais ficções literárias, o caráter ilusório de todas as "evidências", de todas as "verdades" transmitidas em que o homem de nossa época e de nossa cultura se apoia para elaborar um modelo interior do mundo e situar-se nele.[23]

Por uma perspectiva atenta à dimensão pragmática da obra, isto é, a sua projeção para o mundo do leitor, o discurso fantástico é, como afirma Reis,[24] um discurso em relação intertextual constante com esse outro discurso que é a realidade (entendida como construção cultural). Assim, Barrenechea reivindica a necessária relação da literatura fantástica com os contextos socioculturais,

> pois não se pode escrever contos fantásticos sem contar com um quadro de referência que delimite o que é que ocorre ou não ocorre em uma situação histórico-social. Esse quadro de referência está dado ao leitor por certas áreas da cultura de sua época e pelo que ele sabe de outros tempos e espaços que não os seus (contexto extratextual). Mas, além disso,

---

23 Reisz, Las ficciones fantásticas y sus relaciones con otros tipos ficcionales, op. cit., p.194.
24 Reis, O fantástico do poder e o poder do fantástico, *Ideologies and Literature*, n.134, 1980, p.6.

sofre uma elaboração especial em cada obra porque o autor – apoiado também no quadro de referência específico das tradições do gênero – inventa e combina, criando as regras que regem os mundos imaginários que propõe (contexto intratextual).[25]

No fim das contas, e como comenta com muita lucidez Bessière, "o fantástico dramatiza a constante distância que existe entre o sujeito e o real, por isso sempre aparece ligado às teorias sobre os conhecimentos e as crenças de uma época".[26] A literatura fantástica fica fora do que é aceito socioculturalmente: baseia-se no "fato de que sua ocorrência, positiva ou efetiva, apareça questionada explícita ou implicitamente, apresentada como transgressora de uma noção de realidade enquadrada dentro de certas coordenadas histórico-culturais muito precisas".[27]

Claro que tudo isso poderia nos levar a pensar que a literatura fantástica existiu desde sempre, e não em um período muito concreto da história, como na realidade acontece: é preciso datar seu nascimento em meados do século XVIII, quando se deram as condições adequadas para sugerir esse choque ameaçador entre o natural e o sobrenatural sobre o qual se sustenta o efeito do fantástico, dado que até esse momento, falando em termos gerais, o sobrenatural pertencia ao horizonte de expectativas do leitor.

---

25 Barrenechea, La Literatura fantástica: función de los códigos socioculturales en la constituición de um gênero. In: _____, El espacio crítico en el discurso literário, p.45.
26 Bessière, Le récit fantastique, p.60.
27 Reisz, Las ficciones fantásticas y sus relaciones con otros tipos ficcionales, op. cit., p.216.

Durante a época do Iluminismo produziu-se uma mudança radical na relação com o sobrenatural: dominado pela razão, o homem deixa de acreditar na existência objetiva de tais fenômenos. Reduzido seu âmbito ao científico, a razão excluiu todo o desconhecido, provocando o descrédito da religião e a rejeição da superstição como meios para explicar e interpretar a realidade. Portanto, podemos afirmar que até o século XVIII o verossímil incluía tanto a natureza como o mundo sobrenatural, unidos de forma coerente pela religião. Com o racionalismo do Século das Luzes, porém, esses dois planos se tornaram antinômicos e, suprimida a fé no sobrenatural, o homem ficou amparado apenas pela ciência diante de um mundo hostil e desconhecido.

Em simultâneo, no entanto, esse mesmo culto à razão deu liberdade ao irracional, ao aterrorizante: negando sua existência, tornou-o inofensivo, o que permitia "brincar literariamente com isso".[28] A excitação emocional produzida pelo desconhecido não desapareceu, deslocando-se em vez disso para o mundo da ficção: precisando de um meio de expressão que não entrasse em conflito com a razão, encontrou-o na literatura. E a primeira manifestação literária do gênero fantástico foi o romance gótico inglês, que inicia sua trajetória com *O castelo de Otranto* (1764), de Horace Walpole.[29]

---

28 Llopis, *Historia natural de los cuentos de miedo*, p.10.
29 Devo advertir que me refiro única e exclusivamente às narrações góticas em que o sobrenatural tem uma presença efetiva, como acontece nos romances de Horace Walpole, M. G. Lewis ou Charles Maturin, para citar os autores mais célebres. Isso as distingue de outro tipo de romances tam-

Mas, embora o gênero fantástico tenha nascido com o romance gótico, é só no Romantismo que ele alcança sua maturidade.[30] A partir desse novo tratamento do sobrenatural que se deu no romance gótico, os escritores românticos indagaram sobre os aspectos da realidade e do eu que a razão não conseguia explicar, essa face obscura da realidade (e da mente humana) que havia se manifestado no Século das Luzes. Os românticos, sem rejeitar as conquistas da ciência, postularam que a razão, por suas limitações, não era o único instrumento de que o homem dispunha para captar a realidade. A intuição e a imaginação eram outros meios válidos para fazê-lo. Isso explicaria a reação do Romantismo contra as ideias mecanicistas que consideravam o universo como uma máquina que obedecia a leis lógicas e era suscetível a explicações racionais. Essa concepção de uma ordem mecânica fixa era sentida como uma limitação: excluía uma parte excessiva da vida, pois a descrição que propunha não correspondia à experiência real. Os românticos haviam adquirido uma consciência aguda dos aspectos de sua experiência que era impossível analisar ou explicar segundo aquela concepção mecanicista do homem e do mundo. Afinal, o universo não era uma máquina, e sim algo mais misterioso e menos racional, como devia ser também a alma humana.

---

bém chamados de "góticos", nos quais o (aparentemente) sobrenatural acaba racionalizado no final da história (ver, por exemplo, os romances de Ann Radcliffe ou Clara Reeve).

30 Sobre a relação entre romantismo e literatura fantástica, ver Siebers (*The Romantic Fantastic*).

Fora da luz da razão começava um mundo de trevas, o desconhecido, que Goethe batizou como o *demoníaco*: "O demoníaco é o que não pode ser explicado nem pela inteligência, nem pela razão". E essa imagem demoníaca "esconde em sua essência a visão cósmica de síntese de contrários, como totalidade unificadora de traços, características e comportamentos antitéticos que a razão não consegue compreender".[31] Assim, os românticos aboliram as fronteiras entre o interior e o exterior, entre o irreal e o real, entre a vigília e o sonho, entre a ciência e a magia. Essa constatação de que existia um elemento demoníaco tanto no mundo quanto no ser humano supôs a afirmação de uma ordem que escapava aos limites da razão, e que só podia ser compreensível por meio da intuição idealista.

Fez-se então evidente que existia, para além do explicável, um mundo desconhecido tanto no exterior como no interior do homem, com o qual muitos temiam se defrontar. E a literatura fantástica se converteu, assim, em um canal idôneo para expressar esses medos, para refletir todas essas realidades, fatos e desejos que não podem ser manifestos diretamente porque representam algo proibido que a mente reprimiu, ou porque não se encaixam nos esquemas mentais em uso e, portanto, não são passíveis de racionalização. E tal processo, insisto, não se produziu até o século XVIII, período em que o racionalismo se converteu na única via de compreensão e de explicação do homem e do mundo.

---

31 Marí, *El entusiasmo y la quietud. Antología del romanticismo alemán*, p.17.

O realismo do fantástico

A literatura fantástica é aquela que oferece uma temática tendente a pôr em dúvida nossa percepção do real. Portanto, para que a ruptura antes descrita se produza é necessário que o texto apresente um mundo o mais real possível que sirva de termo de comparação com o fenômeno sobrenatural, isto é, que torne evidente o choque que supõe a irrupção de tal fenômeno em uma realidade cotidiana. O realismo se converte assim em uma necessidade estrutural de todo texto fantástico.

Isso implica acabar com a ideia comum de situar o fantástico no terreno do ilógico e do onírico, ou seja, no polo oposto da literatura realista. A narrativa fantástica, para seu devido funcionamento, deve ser sempre crível. Um efeito que, é verdade, todo texto literário tenta gerar, já que ler ficção, seja ela fantástica ou não, supõe estabelecer um *pacto ficcional* com o narrador: aceitamos sem questionar tudo o que ele nos conta, de modo que nossa atitude hermenêutica como leitores fica condicionada a uma suspensão voluntária das regras de verificação. Mas em minha reflexão não me refiro unicamente ao referido pacto ficcional, e sim à percepção do real no texto (percepção intradiegética): depois de aceitar (pactuar) que estamos diante de um texto fantástico, ele deve ser o mais verossímil possível para alcançar seu correto efeito sobre o leitor (a *ilusão do real* que Barthes denominou *efeito de realidade*). Diferentemente de um texto realista, quando nos deparamos com uma narrativa fantástica essa exigência de verossimilhança é dupla, uma vez que devemos aceitar – acreditar em – algo que o próprio narrador reconhece, ou estabelece, como impossível. E isso se traduz em uma evidente vontade realista dos narradores fantásticos, que tentam fixar o narrador na realidade empírica de um modo mais explícito que os realistas.

O fantástico, portanto, está inscrito permanentemente na realidade, a um só tempo apresentando-se como um atentado contra essa mesma realidade que o circunscreve. A verossimilhança não é um simples acessório estilístico, e sim algo que o próprio gênero exige, uma necessidade construtiva necessária para o desenvolvimento satisfatório da narrativa. E não é só isso; toda história fantástica também se apresenta como um acontecimento real para conseguir convencer o leitor da "realidade" análoga do fenômeno sobrenatural.[32] Recorrendo às ideias acertadas de Lovecraft sobre o gênero, toda narrativa fantástica

> [...] deve ser *realista* e ambiental, limitando seu desvio da natureza ao canal sobrenatural escolhido, e lembrando que o cenário, o tom e os acontecimentos são mais importantes na hora de comunicar o que se pretende do que os personagens ou a própria ação. O *quid* de qualquer narrativa que pretende ser aterrorizante é simplesmente a violação ou superação de uma lei cósmica imutável – um escape imaginativo

---

[32] Nem todos assim consideram: Ana González Salvador (*Continuidad de lo fantástico. Por una teoría de la literatura insólita*) afirma que a literatura fantástica não nasce como reprodução ou imitação da realidade, acrescentando que se afasta da tradicionalmente chamada literatura realista. Mas reconhece, mais adiante, que, por necessidade de verossimilhança, a literatura fantástica utiliza as técnicas descritivas do realismo.

da tediosa realidade –, pois os "heróis" lógicos são os *fenômenos*, e não as *pessoas*.[33]

Insistiu-se sempre que não devemos considerar o realismo de uma obra literária em função da fidelidade textual a seu referente: o que qualquer texto pretende, como antes ressaltei, é induzir uma resposta "realista" no leitor. Mas, ao mesmo tempo, ler supõe cooperar com o texto, colocá-lo em contato com nossa experiência do mundo. E a literatura fantástica nos obriga, mais que nenhuma outra, a ler os textos referencialmente, pois se, como adverte Villanueva,[34] "no realismo literário o *hors--texte* importa tanto (ou mais) quanto o que efetivamente está expresso nele", poderíamos pensar o fantástico como uma espécie de "hiper-realismo", uma vez que, além de reproduzir as técnicas dos textos realistas, ele obriga o leitor a confrontar continuamente sua experiência da realidade com a dos personagens: sabemos que um texto é fantástico por sua relação (conflituosa) com a realidade empírica. Porque o objetivo fundamental de toda narrativa fantástica é questionar a possibilidade de um rompimento da realidade empírica. É por isso que ela vai além do tipo de leitura gerado por uma narração realista ou por um conto maravilhoso, em que, ao não se propor transgressão alguma (o mundo e os acontecimentos narrados no texto realista são "normais", cotidianos, e o texto maravilhoso se desenvolve em um mundo autônomo, sem contato

---

33 Cito a partir de August Derleth, "H. P. Lovecraft y su obra", prólogo a H. P. Lovecraft, *El horror de Dunwich*, p.17.
34 Villanueva, *Teorías del realismo literario*, p.172.

com o real), automatiza nossa recepção, por assim dizer, sem exigir o contínuo entrar e sair do texto para compreender o que está acontecendo e, sobretudo, o que o texto pretende. Em última instância, diante das histórias narradas nos contos fantásticos, não podemos manter nossa recepção limitada à realidade textual.

A narrativa fantástica está ambientada, então, em uma realidade cotidiana que ela constrói com técnicas realistas e ao mesmo tempo destrói, inserindo nela outra realidade, incompreensível para a primeira. Essas técnicas coincidem claramente com as fórmulas utilizadas em todo texto realista para dar verossimilhança à história narrada, para afirmar a referencialidade do texto: recorrer a um narrador extradiegético-homodiegético, ambientar a história em lugares reais, descrever minuciosamente objetos, personagens e espaços, inserir alusões à realidade pragmática etc.[35]

Como vemos, o fantástico é um modo narrativo que provém do código realista, mas que ao mesmo tempo supõe uma transformação, uma transgressão desse código: os elementos que povoam o conto fantástico participam da verossimilhança própria da narração realista e unicamente a irrupção, como eixo central da história, do acontecimento inexplicável é que marca a diferenciação essencial entre o realista e o fantástico. Como ressalta Silhol (1990), na literatura realista tomamos o verossímil como verdade; na literatura fantástica, é o impossível

---

[35] Para uma análise mais profunda do conceito de verossimilhança no gênero fantástico, ver Šrámek (La vraisemblance dans le récit fantastique, *Études Romanes de Brno*, XIV, 1983, p.71-82).

que se converte em verdade (exceto, evidentemente, nas histórias em que se gera uma ambiguidade insolúvel).

Nas narrativas fantásticas tudo costuma ser descrito de maneira realista, verossímil. O narrador tenta construir um mundo que seja o mais semelhante possível do mundo do leitor. Contudo, no momento de se confrontar com o sobrenatural, sua expressão costuma se tornar obscura, torpe, indireta.[36] O fenômeno fantástico, impossível de explicar pela razão, supera os limites da linguagem: é por definição indescritível porque é impensável. Como destacou Wittgenstein em um de seus aforismos mais acertados: "os limites da minha linguagem significam os limites do meu mundo".[37] O narrador, entretanto, não tem outro meio a não ser a linguagem para evocar o sobrenatural, para impô-lo à nossa realidade:

> Mas o autor fantástico deve obrigá-las [as palavras], durante certo momento, a produzir um "ainda não dito", a *significar um indesignável*, isto é, a fazer como se não existisse adequação entre significação e designação, como se houvesse fraturas em um ou outro dos sistemas [linguagem/experiência], que não corresponderiam a seus homólogos esperados.[38]

---

36 Claro que isso não deve ser tomado como uma norma fixa e imutável para todas as narrativas fantásticas, isto é, nem sempre se produz essa imprecisão linguística, porque há ocasiões em que a descrição do fenômeno sobrenatural não gera muitos problemas (o que não acontece com a aceitação de sua presença).

37 Ludwig Wittgenstein, *Tractatus logico-philosophicus*, aforismo 5, 6.

38 Bellemin-Noël, Notas sobre lo fantástico (textos de Théophile Gautier). In: Roas (org.), *Teorías de lo fantástico*, p.111.

O fantástico supõe, portanto, o desajuste entre o referente literário e o linguístico (pragmático), isto é, a discordância entre o mundo representado no texto e o mundo conhecido. Como afirma Jackson, "o fantástico desenha a senda do não dito e do não visto da cultura".[39] A literatura fantástica torna-se, assim, um gênero profundamente subversivo, não apenas em seu aspecto temático, mas também no nível estilístico, já que altera a representação da realidade estabelecida pelo sistema de valores compartilhado pela comunidade, postulando a descrição de um fenômeno impossível dentro desse sistema.[40]

Assim, o discurso do narrador de um texto fantástico, profundamente realista na evocação do mundo em que se desenvolve sua história, torna-se vago e impreciso quando enfrenta a descrição dos horrores que assaltam esse mundo, e não pode fazer outra coisa além de utilizar recursos que tornem tão sugestivas quanto possível suas palavras (comparações, metáforas, neologismos), tentando assemelhar tais horrores a algo real que o leitor possa imaginar, como acontece com o narrador de um dos melhores contos de H. P. Lovecraft, "O chamado de Cthulhu" (1926), que, querendo descrever a criatura monstruosa mencionada no título, afirma:

---

39 Jackson, *Fantasy, The Literature of Subversion*, p.47.
40 Jackson vai além em sua reflexão – de ordem fundamentalmente psicanalítica e sociológica – ao conceber o fantástico como uma forma de linguagem do inconsciente, como uma forma de oposição social subversiva que se contrapõe à ideologia do momento histórico em que se manifesta. Sobre esse aspecto, ver também Víctor Bravo (*Los poderes de la ficción. Para una interpretación de la literatura fantástica*), que leva a cabo um estudo do fantástico como uma das formas da alteridade.

A ameaça do fantástico

Não dá para descrever o Ser que viram, não há palavras para expressar semelhantes abismos de pavor e demência imemorial, tão abomináveis contradições da matéria, da força e da ordem cósmica. Uma montanha andando ou se arrastando!

A passagem supera o descritível e deixa aos cuidados do leitor imaginar o inimaginável. O fantástico narra acontecimentos que ultrapassam nosso quadro de referência; é, portanto, a expressão do inominável,[41] o que supõe um deslocamento do discurso racional: o narrador se vê obrigado a combinar de forma insólita substantivos e adjetivos, para intensificar sua capacidade de sugestão. Podemos dizer então que a conotação substitui a denotação.[42] Assim, em muitos contos se estabelece um jogo in-

---

41 Não foi por acaso que o próprio Lovecraft deu esse título a um de seus contos: "O inominável" (1923).

42 Continuando com o exemplo de Lovecraft, o estilo literário desse autor norte-americano nos serve como exemplo perfeito do que estamos dizendo. Lovecraft costuma recorrer a oximoros ou paradoxos nas descrições dos seres e fenômenos sobrenaturais que povoam seus contos. Alguns críticos (entre eles, Lin Carter e L. Sprague de Camp) o acusaram de uma estranha doença que tinha efeitos negativos em seus contos: a "adjetivite", isto é, a utilização excessiva de adjetivos como "horrível", "obsceno", "maléfico". Embora seja verdade que Lovecraft abusa dos adjetivos, acho que esses críticos não entenderam a maneira inteligente como muitas vezes ele costumava utilizá-los: suas construções de oximoro e/ou paradoxo, do tipo "arquitetura obscena", "ângulos obscenos", "antiguidade maléfica", "campanários leprosos", "pestilentas tempestades", "concerto nauseabundo", sugerem algo impossível em nossa realidade por meio de adjetivos que, de forma independente, correspondem a qualidades dessa realidade.

teressante entre a impossibilidade de escrever algo alheio à realidade humana e a vontade de sugerir esse terror por meio da imprecisão, da insinuação. A indeterminação se converte em um artifício para colocar em marcha a imaginação do leitor.

No fim das contas, a literatura fantástica põe em manifesto as relações problemáticas que se estabelecem entre a linguagem e a realidade, pois tenta representar o impossível, ou seja, tenta ir além da linguagem para transcender a realidade admitida. Mas a linguagem não pode prescindir da realidade: o leitor precisa do real para compreender o que está sendo expresso; em outras palavras, precisa de um referente pragmático. E isso nos leva, de novo, a afirmar a necessária leitura referencial de todo texto fantástico, a colocá-lo sempre em contato com a realidade para determinar se pertence a esse gênero.

O medo como efeito fundamental do fantástico

A transgressão que o fantástico provoca, a ameaça que ele supõe para a estabilidade do nosso mundo, gera inevitavelmente uma impressão aterrorizante tanto nos personagens quanto no leitor. Talvez o termo "medo" seja exagerado, ou confuso, já que não chega a identificar claramente o efeito que, a meu ver, toda narrativa fantástica busca produzir no leitor. Talvez fosse melhor utilizar o termo "inquietude", uma vez que, ao me referir ao "medo", evidentemente não estou falando do medo físico ou da intenção de provocar um susto no leitor ao final da história, intenção tão cara ao cinema de terror (e tão difícil de alcançar lendo um texto). Trata-se mais da reação, experimentada tanto pelos personagens (incluo aqui o narrador extradiegético-homodiegético) quanto pelo leitor, diante da possibilidade efetiva do sobrenatural, diante da ideia de que o irreal pode irromper no real (e tudo o que isso significa). Esse é um efeito comum a toda narrativa fantástica. Por isso não é estranho que Freud, em seu artigo "Das Unheimliche", advirta que o desconhecido inclui já etimologicamente um sentido ameaçador para o ser humano: "A palavra alemã *unheimlich* é o oposto de *heimlich* ('íntimo'), *heimisch* ('doméstico'), *vertraut* ('familiar'); e pode-se inferir que seja algo aterrorizante porque *não* é consabido (*bekaant*) nem familiar".[43] Em sua argumentação ele recorre a outras línguas, buscando a tradução de *unheimlich*, com um resultado similar: *locus suspectus* (um lugar suspeito), *intempesta nocte* (uma noite sinistra); *uncomfortable, uneasy, gloomy, dismal, uncanny, ghastly, haunted, a repulsive fellow*; *inquiétant, sinistre, lugubre, mal à son aise*; *sospechoso, de mal aguero, lúgubre, siniestro*; em árabe e hebraico, *unheimliche* coincide com "demoníaco" e "horrendo".[44]

---

43 Freud, O estranho, op. cit., p.220.
44 Pena que Freud tenha decidido guiar sua reflexão sobre o sinistro para o terreno dos traumas de índole sexual, o que o leva a oferecer uma interpretação simplista de diversos temas e argumentos fantásticos em que o sexual, a meu ver, reluz por sua ausência. Assim, por exemplo, ao refletir sobre o tema do duplo, ele adverte que "o recurso da duplicação para se defender do aniquilamento tem seu correlato em um meio figurativo da linguagem onírica, que gosta de expressar a castração por meio da duplicação ou multiplicação do símbolo genital" (ibid., p.235). Outro exemplo dessa linha

Tal é a importância desse efeito ameaçador, que Lovecraft (1927) chegou até a afirmar que o princípio do fantástico não se encontra na obra e sim na experiência particular do leitor, e que essa experiência deve ser o medo: "Devemos considerar uma narração preternatural não pela intenção do autor, nem pela pura mecânica da trama, mas pelo nível emocional que ela alcança". Essa afirmação não deixa de ser exagerada, já que há contos de medo que não são fantásticos, mas chama a atenção para o necessário efeito aterrorizante que toda narração fantástica deve exercer sobre o leitor. Um efeito que, ao contrário, Todorov (1970) e Belevan (1976), entre outros, não concebem como uma consideração necessária para a existência do fantástico, ainda que admitam que com frequência ela está ligada aos contos do gênero.

Eu compartilho da tese de Lovecraft (Caillois, Bellemin-Noël e Bessière, entre outros, também reivindicam a presença necessária do medo na literatura fantástica), já que o efeito produzido pela

---

de argumentação é o seguinte: "Membros seccionados, uma cabeça cortada, uma mão separada do braço, pés que dançam sozinhos... contêm algo enormemente sinistro, em particular quando ainda se lhes atribui uma atividade autônoma. Já sabemos que esse caráter sinistro se deve à sua proximidade em relação ao complexo de castração" (ibid., p.243). Ou a seguinte afirmação, difícil de aceitar: "Muitas pessoas atribuiriam ao sinistro a representação de serem enterrados no caso de uma morte aparente. Só que a psicanálise nos ensinou que essa fantasia aterrorizante não é mais que a transmutação de outra que em sua origem não apresentava de modo algum essa qualidade, tendo como portadora certa concupiscência: a fantasia de viver no seio materno" (ibid., p.243).

irrupção do fenômeno sobrenatural na realidade cotidiana, o choque entre o real e o inexplicável, nos obriga, como antes dito, a questionar se o que acreditamos ser pura imaginação pode chegar a ser verdade, o que nos leva a duvidar da nossa realidade e do nosso eu, e diante disso não resta nenhuma outra reação a não ser o medo:

> O temor ou a inquietude que possa produzir, de acordo com a sensibilidade do leitor e seu grau de imersão na ilusão suscitada pelo texto, é apenas uma consequência dessa irredutibilidade: é um sentimento derivado da incapacidade de conceber – aceitar – a coexistência do *possível* com o *impossível*, ou, o que é a mesma coisa, de admitir a ausência de explicação – natural ou sobrenatural codificada – para o acontecimento que se opõe a todas as formas de legalidade comunitariamente aceitas, que não se deixa reduzir a um grau mínimo do *possível* (chame-se milagre ou alucinação).[45]

A presença do medo, além disso, nos permite distinguir perfeitamente a literatura fantástica da literatura maravilhosa: o conto maravilhoso tem sempre final feliz (o bem se impõe sobre o mal); o conto fantástico, por sua vez, se desenvolve em meio a um clima de medo, e seu desfecho (além de pôr em dúvida nossa concepção do real) costuma provocar a morte, a loucura ou a condenação do protagonista.

---
[45] Reisz, Las ficciones fantásticas y sus relaciones con otros tipos ficcionales, op. cit., p.197.

A última evolução do gênero: o "neofantástico"

Deixei para o final o comentário sobre uma das conclusões mais controversas de Todorov, segundo a qual a literatura fantástica já não tem razão de ser no século XX, pois foi substituída pela psicanálise. A afirmação se baseia na ideia de que a literatura fantástica perdeu a função social que teve no século XIX, manifestada através do tratamento de temas tabus, já que graças à psicanálise esses temas perderam tal consideração, de modo que o gênero deixou de ser necessário: "a literatura fantástica não é mais que a consciência pesada desse século XIX positivista".[46,47]

---

46 Todorov, *Introduction à la littérature fantastique*, p.176.
47 González Salvador (*Continuidade de lo fantástico*, p.49) coincide com essa ideia ao ressaltar que a literatura fantástica do século XX, devido aos avanços da ciência e da psicanálise, perdeu toda sua vontade transgressora: segundo ela, as narrativas de Kafka não postulam nenhuma alteração da realidade, porque todo o narrado acontece na mais estrita normalidade (ainda que tragam à luz aspectos ocultos ou desconhecidos da realidade cotidiana). Não há espanto ou medo nos personagens porque eles nunca sentem sua realidade invadida pelo sobrenatural. Esse tipo de narrativa fantástica desenvolvido no século XX costuma ser chamado de "literatura do insólito": "obras em que não cabe o sobrenatural, em que a realidade não é mencionada como tal pela própria narrativa, em que não existe ruptura alguma que divida o universo em dois mundos opostos e em que, é claro, não cabe a possibilidade de uma volta à normalidade, já que ela nunca foi transgredida. Não é necessária a intervenção de forças exteriores, já que algo está acontecendo em nosso devir cotidiano; um sentimento do não familiar o invade sem que nenhuma intrusão modifique sua ordem" (p.58-9). Mas, se não cabe o sobrenatural, ou melhor, se não há transgressão alguma, como sabemos que esses textos são fantásticos?

A isso é preciso acrescentar outro aspecto fundamental de seu raciocínio: segundo Todorov,[48] a impossibilidade manifestada no século XX de acreditar em uma realidade imutável elimina toda possibilidade de transgressão e, com isso, o efeito do fantástico baseado em tal transgressão: "O homem 'normal' é precisamente o ser fantástico; o fantástico se converte em regra, não em exceção."

A base do raciocínio de Todorov se encontra em *A metamorfose*, de Kafka, um romance em que se descreve um evidente fenômeno sobrenatural (a transformação, como bem se sabe, do protagonista em um inseto), do qual não se dá nenhuma explicação e que, para maior confusão, não produz nenhum tipo de vacilação ou espanto no narrador, no protagonista (Gregor Samsa) e em sua família.[49] Segundo Todorov, o texto de Kafka rompe os esquemas da literatura fantástica tradicional: nele, a vacilação deixa de ter sentido porque sua finalidade era sugerir a existência do fantástico e propor a passagem do natural ao sobrenatural.[50] O processo,

---

48 Todorov, *Introduction à la littérature fantastique*, p.182.
49 Uma situação similar, portanto, à que se produz no "realismo maravilhoso" e no "maravilhoso cristão", embora com um desenvolvimento e uma intenção muito diferentes, como veremos.
50 A falta de explicação do fenômeno e, sobretudo, de espanto nos personagens das narrativas de Kafka levou vários críticos a rejeitar seu componente fantástico: assim, Vax (*Arte y literatura fantásticas*, p.85) sustenta que *A metamorfose*, "menos que ao gênero fantástico, corresponde à psicanálise e à experiência mental"; Jacques Finné (*La littérature fantastique*, p.45) baseia sua negação no que chama de simbolismo evidente do romance de Kafka; e Marie-Laure Ryan (Mundos posibles y relaciones de accesibilidad: una tipología semántica de la ficción. In: A. Garrido Domínguez (org.), *Teorías de la*

em Kafka, é inverso: partindo do sobrenatural, chegamos ao natural. Mas isso também não significa que estejamos situados no âmbito do maravilhoso, já que o mundo do texto é – funciona como – o nosso mundo, apenas introduzindo-se nele um acontecimento aparentemente impossível (que, como no fantástico tradicional, apresenta-se como exceção).

A situação é diferente, adverte Todorov, da literatura fantástica do século XIX: nela, o acontecimento sobrenatural era percebido como tal ao se projetar sobre o fundo do que se considerava normal e natural (transgredia as leis da natureza). No caso de Kafka, o acontecimento sobrenatural já não produz nenhuma vacilação porque o mundo descrito é, segundo Todorov, totalmente estranho, tão anormal quanto o acontecimento que lhe serve de fundo. Inverte-se, então, o processo da literatura fantástica, no qual primeiro se postula a existência do real para em seguida colocá-lo em dúvida. O mundo de Kafka é considerado, portanto, um mundo inverso em que o fantástico deixa de ser uma exceção para se converter na regra de funcionamento desse mundo.

Essa ausência de vacilação eliminaria o possível componente fantástico de uma narrativa que, pelo contrário, a meu ver, pertence sem dúvida a esse gênero. E, surpreendentemente, Todorov, embora chegue a ressaltá-lo, não leva em conta que a ine-

---

ficción literaria, p.199), baseando-se no conceito de vacilação, afirma que *A metamorfose* é "um texto que Todorov exclui – com razão – do fantástico", situando o romance de Kafka mais próximo do funcionamento do conto de fadas, onde não se questiona o sobrenatural.

xistência de espanto, de inquietude, nos personagens não quer dizer que o leitor não se surpreenda diante do que é narrado. Pelo contrário, como Reisz comenta,

> [O fato de] Que a transformação de Gregor Samsa em inseto seja apresentada pelo narrador e assumida pelos personagens sem questionamento é sentido pelo receptor como outro dos *impossíveis* da história, embora de ordem diversa da metamorfose em si. Como a metamorfose constitui uma transgressão das leis naturais, o não questionamento dessa transgressão é sentido por sua vez como uma transgressão das leis psíquicas e sociais que, junto com as naturais, fazem parte da nossa noção de realidade.[51]
> [...] o modelo de realidade subjacente [no texto] faz as condutas dos personagens aparecerem como transgressoras de uma ordem assumida como normal, mas, por sua vez, o universo rarefeito que a ficção apresenta como *fático* denuncia esse modelo subjacente como ilusório, propondo implicitamente a revisão das noções de realidade e normalidade.[52]

Assim, nas narrativas de Kafka, como nas dos outros escritores fantásticos do século XX (Borges e Cortázar são dois exemplos perfeitos), nos deparamos com uma nova maneira de cultivar o gênero, que não funciona de acordo com os esquemas todorovianos: o que Alazraki (2001) chama de neofantástico.

---
51 Reisz, Las ficciones fantásticas y sus relaciones con otros tipos ficcionales, op. cit., p.218.
52 Ibid., p.220-1.

A ausência de três aspectos fundamentais é o que diferencia, segundo Alazraki,[53] o neofantástico do fantástico tradicional (que ele identifica com o que foi cultivado no século XIX): a explicação do fenômeno, seu sentido claro e o componente aterrorizante. De acordo com Alazraki, nas narrativas neofantásticas não existe intenção de provocar medo. Ao contrário, produz-se perplexidade e inquietude "pelo insólito das situações narradas, mas sua intenção é muito diferente. São, em sua maioria, metáforas que buscam expressar vislumbres, entrevisões ou interstícios de sem razão que escapam ou resistem à linguagem da comunicação, que não cabem nas células construídas pela razão, que vão a contrapelo do sistema conceptual ou científico com que lidamos diariamente". Mas isso, a meu ver, o iguala ao fantástico do século XIX, já que ambos se baseiam em uma mesma ideia: o rechaço das normas ou leis que configuram nossa realidade.

O que parece se deduzir das opiniões de Alazraki, e também de Todorov, é que a literatura fantástica contemporânea está inserida na visão pós-moderna da realidade, segundo a qual o mundo é uma entidade indecifrável. Vivemos em um universo totalmente incerto, em que não há verdades gerais, pontos fixos a partir dos quais enfrentar o real: o "universo descentrado" a que se refere Derrida. Não existe, portanto, uma realidade imutável porque não há maneira de compreender, de captar o que é a realidade. E essa ideia dá razão, em parte,

---

[53] Alazraki, ¿Qué es lo neofantástico? In: Roas (org.), *Teorías de lo fantástico*, p.277.

a Todorov e Alazraki, ao postularem a impossibilidade de toda transgressão: se não sabemos o que é a realidade, como podemos transgredi-la? Mais ainda, se não temos uma visão unívoca da realidade, tudo é possível, de modo que também não há possibilidade de transgressão.

Mas antes adverti que essa concepção só dá parte da razão a Todorov e Alazraki porque, embora seja verdade que a filosofia moderna justifica perfeitamente essa ideia, nossa experiência da realidade continua nos dizendo que os seres humanos não se transformam em insetos nem vomitam coelhos vivos (como o protagonista de "Carta a uma senhorita de Paris", de Cortázar). Assim, possuímos uma concepção do real que, ainda que possa ser falsa, é compartilhada por todos os indivíduos e nos permite, em última instância, recuperar a dicotomia normal/anormal em que se baseia toda narrativa fantástica. Porque não esqueçamos, e o próprio Todorov reconhece, que o mundo da narrativa fantástica contemporânea é o nosso mundo, e tudo aquilo que, situado nele, contradiga as leis físicas pelas quais acreditamos que se organiza esse mundo supõe uma transgressão evidentemente fantástica.

A meu ver, o que caracteriza o fantástico contemporâneo é a irrupção do anormal em um mundo aparentemente normal, mas não para demonstrar a evidência do sobrenatural, e sim para postular a possível anormalidade da realidade, o que também impressiona o leitor terrivelmente: descobrimos que nosso mundo não funciona tão bem quanto pensávamos, exatamente como propunha o conto fantástico tradicional, mas expresso de outro modo:

Até o presente século, pode-se dizer que os escritores partem de concepções empíricas, ainda que bastante estáveis, em relação à realidade, dirigindo-se, para encontrar os elementos antinômicos, às esferas religiosas, míticas, mágicas, lendárias. No nosso século se realiza uma revolução: a segurança em relação à realidade entra em crise, ao mesmo tempo que secam as fontes do absurdo "institucionalizado" (religião, mito etc.). A dialética realidade/irrealidade se implanta, então, *ex novo* e apenas no terreno da quebrantada e fugidia realidade. [...] convertidas as características do real em algo fugaz, fica também comprometida a identificação do seu contrário. O maravilhoso (sempre em sentido pejorativo: o absurdo, o pesadelo) aninha-se na cotidianidade, tornando-a ainda mais impenetrável, inimiga, incompreensível. Se o maravilhoso tradicional colocava em dúvida as leis físicas do nosso mundo, o maravilhoso moderno desmente os esquemas de interpretação que o homem em sua longa trajetória dispôs para sua própria existência.[54]

É isso, basicamente, o que Borges pretende com seus contos fantásticos: demonstrar que o mundo coerente em que acreditamos viver, governado pela razão e por categorias imutáveis, não é real (em uma valorização extrema do idealismo absoluto). Borges parte de uma premissa fundamental em sua reflexão: a realidade é incompreensível para a inteligência humana, mas isso não impediu o homem de

---

54 Com o termo "maravilhoso", Segre se refere, evidentemente, ao que demos por chamar "fantástico" (*Principios de análisis del texto literario*, p.258).

elaborar uma infinidade de esquemas que tentam explicá-la (filosofia, metafísica, religião, ciência). E o resultado da aplicação de tais esquemas de pensamento não é a explicação do universo, mas a criação de uma nova realidade: o ser humano, incapaz de conhecer o mundo, cria um à medida de sua mente (não é estranho, então, que Borges seja considerado um dos pais da pós-modernidade), onde, de algum modo, e essa é a terrível ironia que Borges quer que vejamos, o homem vive feliz. A realidade é, portanto, uma construção fictícia, uma simples invenção. O que fazemos, no final das contas, é emular os anônimos artífices de Tlön, que criam um mundo à sua imagem e semelhança, um mundo ordenado, "um labirinto urdido pelos homens", que acaba se impondo ao mundo real.[55]

Assim, se a literatura fantástica do século XIX nos alertava para a possibilidade de a realidade ul-

---

[55] Como vemos no exemplo citado, continuamos precisando do real para deduzir que um fenômeno é fantástico. Embora talvez, nestes tempos pós-modernos, devêssemos falar, como faz Edelweiss Serra (*Tipología del cuento literario*, p.106), mais do "ordinário" do que do real, estabelecendo assim a oposição ordinário/extraordinário. Serra parte da ideia de que a esfera do real é inabarcável: "a realidade, *toda* a realidade, postula todos os reais possíveis, mesmo o racionalmente impossível". E é por isso que ele propõe a oposição ordinário/extraordinário, isto é, o choque entre a ordem estabelecida, habitual do real, e "outras ordens do real não habituais em que cabem as dimensões imaginária, onírica, extralógica, extrassensorial, sobrenatural; em síntese, o 'fantástico'". Serra distingue, ao mesmo tempo, diversos graus do "extraordinário": hiperbólico, extrassensorial, extralógico e sobrenatural. Os três primeiros, embora suspendam as leis naturais, descobrem outras leis secretas e misteriosas do real, à margem do ordinário.

trapassar o conhecimento racional, Borges vai um passo além ao formular que o mundo coerente em que acreditamos viver é puro artifício, irreal. E isso, a meu ver, e apesar das palavras anteriormente citadas de Alazraki, produz inquietude e espanto no leitor. Pensemos nas três narrativas antes citadas, histórias em que o medo, à primeira vista, parece não ter um papel de importância: *A metamorfose*, de Kafka, "Tlön, Uqbar, Orbis Tertius", de Borges, e "Carta a uma senhorita em Paris", de Cortázar. Ainda que seus respectivos narradores não busquem, por meio da trama ou da atmosfera, criar um efeito aterrorizante, como podemos qualificar a impressão gerada no leitor pelo que significa a possibilidade de que um homem acorde certa manhã convertido em um inseto? Ou que comecem a aparecer no mundo real objetos provenientes de um mundo fictício?[56] Ou que um indivíduo vomite coelhinhos, por mais encantadores que eles possam ser, ou que tente escondê-los de todas as maneiras possíveis, em vez de se perguntar por que os vomita? Nessas três narrativas faz-se evidente que a transgressão das leis da realidade gera inquietude pela simples possibilidade de tal transgressão, o que já as torna instáveis e pouco fiáveis.

---

[56] Vale lembrar que, na pós-data com que se encerra o conto de Borges, o narrador explica que começaram a aparecer no nosso mundo objetos provenientes de Tlön, um planeta fictício. E não é só isso; a pós-data termina com a ameaça de dissolução do mundo real, substituído pela "minuciosa e vasta evidência de um planeta ordenado" como Tlön. É evidente que subjaz à história narrada uma reflexão que vai além do meramente fantástico, já que Tlön é, afinal, uma metáfora do nosso mundo: preferimos a ordem representada por Tlön, fictícia em última instância, a aceitar que a realidade é algo caótico, imprevisível e incompreensível.

Desse modo, ainda que na narrativa fantástica do século XX o narrador e os personagens nem sempre manifestem abertamente seu desconcerto, não resta dúvida, como adverte Reis, de que "o leitor concreto, exatamente por causa desse silêncio, ao confrontar os acontecimentos fantásticos com os parâmetros oferecidos pela realidade, constata sua incompatibilidade. O fantástico produz uma ruptura, ao pôr em conflito os precários contornos do real estabelecido cultural e ideologicamente".[57]

Portanto, mais que entender o neofantástico como diferente do fantástico tradicional, creio que ele representa uma nova etapa na evolução natural do gênero fantástico, em função de uma noção diferente do homem e do mundo: o problema colocado pelos românticos sobre a dificuldade de explicar racionalmente o mundo derivou em nosso século em direção a uma concepção do mundo como pura irrealidade. Como afirma Teodosio Fernández:

> A aparição do fantástico não tem por que residir na alteração por elementos estranhos de um mundo ordenado pelas leis rigorosas da razão e da ciência. Basta que se produza uma alteração do reconhecível, da ordem ou desordem familiares. Basta a suspeita de que outra ordem secreta (ou outra desordem) possa colocar em perigo a precária estabilidade da nossa visão do mundo.[58]

---

[57] Reis, O fantástico do poder e o poder do fantástico, op. cit., p.7.
[58] Fernández, Lo real maravilloso de América y la literatura fantástica, op. cit., p.296-7.

Alguns estudiosos do gênero tentaram diferenciar o fantástico tradicional de sua reelaboração contemporânea em função de um suposto uso particular da linguagem. Campra (2001) nos oferece uma das primeiras análises do fantástico a partir desse ponto de vista, estabelecendo como característica marcante do gênero uma transgressão linguística em todos os níveis do texto: no nível semântico (referente da narrativa), como superação de limites entre duas ordens dadas como incomunicáveis (natural/sobrenatural, normal/anormal); no nível sintático (estrutura narrativa), refletido sobretudo na falta de causalidade e finalidade;[59] e no nível do discurso, como negação da transparência da linguagem (utilização, por exemplo, de uma adjetivação fortemente conotada, tal como vimos antes). Estas oposições e transgressões não funcionam, então, como um fato puramente de conteúdo; chegam também a subverter as regras da sintaxe narrativa e da significação do discurso como outros modos de transgressão. Isso leva a concluir que "o fantástico não é apenas um fato da percepção do mundo representado, mas também de escrita, pela qual sua caracterização pode ser definida historicamente em diversos níveis".[60] No fim das contas, o

---

59 Campra, no artigo citado ("Lo fantástico: una isotopía de la transgresión"), afirma que a literatura fantástica altera a dinâmica convencional dos textos narrados, uma vez que não se pode intuir a motivação e também não se oferece ao leitor explicação alguma. Altera, então, a verossimilhança sintética, que tem como um de seus princípios básicos a motivação dos diversos processos que se põem em movimento no texto.

60 Campra, Lo fantástico: una isotopía de la transgresión. In: Roas (org.), *Teorías de lo fantástico*, p.191.

que Campra sustenta em seu artigo é que no século XX se deu uma mudança fundamental: a passagem do fantástico como fenômeno da percepção (em que o componente semântico domina), próprio do século XIX, ao fantástico como fenômeno da escrita, da linguagem. Um predomínio do nível verbal que está diretamente relacionado com uma tendência geral do contexto literário. Uma ideia que Campra desenvolveu em outro artigo:

> [...] a literatura fantástica atual deslocou seu eixo para outro nível: esgotada ou pelo menos desgastada a capacidade de escândalo dos temas fantásticos, a infração se expressa por certo tipo de rupturas na organização dos conteúdos – não necessariamente fantásticos –; isto é, no nível sintático. Já não é tanto a aparição do fantasma o que conta para definir um texto como fantástico, mas sim a falta irresolúvel de nexos entre os elementos distantes do real.[61]

Mas, apesar dessa dimensão linguística, Campra reconhece a necessidade de uma leitura referencial, contrastando os fenômenos narrados no texto e nossa concepção do real, para qualificar tal texto como fantástico.

Tanto o fantástico tradicional como o fantástico contemporâneo se baseiam em uma mesma ideia: produzir a incerteza diante do real. É verdade que podem ter mudado as formas de expressar a transgressão, mas continuamos precisando do real como termo de comparação para determinar a fantasti-

---

61 Campra, Fantástico y sintaxis narrativa, *Río de la Plata*, n.1, 1985, p.97.

cidade, se é possível chamá-la assim, de um texto literário.[62]

Em última instância, o fantástico contemporâneo mantém a estrutura básica que o gênero teve ao longo de sua história: sugerir uma contradição entre o natural e o sobrenatural. Portanto, a literatura fantástica tradicional e a neofantástica são muito mais próximas do que poderia parecer à primeira vista:

> A função do fantástico, tanto hoje como em 1700, ainda que por mecanismos bem diferentes – e que indicam as transformações de uma sociedade, de seus valores, em todas as ordens –, continua sendo a de iluminar por um instante os abismos do incognoscível que existem dentro e fora do homem, de criar assim uma incerteza em toda a realidade.[63]

E, como se torna patente na obra dos autores citados, o gênero fantástico goza de uma vida muito saudável, longe das asseverações apocalípticas de Todorov.

---

[62] Erdal Jordan (*La narrativa fantástica. Evolución del género y su relación con las concepciones del lenguaje*, p.111) vai ainda mais longe ao definir o fantástico moderno como um fenômeno linguístico, ainda que também considere "tal alternativa extremamente dependente de uma noção extratextual que a define como expressão de uma realidade contrastada".

[63] Campra, *Lo fantástico: una isotopía de la transgresión*, op. cit., p.191.

2.
O fantástico como desestabilização do real: elementos para uma definição

A imensa maioria das teorias sobre o fantástico define a categoria a partir da confrontação entre duas instâncias fundamentais: o real e o impossível (ou seus sinônimos: sobrenatural, irreal, anormal etc.). Basta revisar algumas das primeiras aproximações teóricas ao fantástico: assim, Castex ressalta que este "se caracteriza [...] por uma intrusão brutal do mistério no quadro da vida real";[1] Caillois, por sua vez, afirma que o fantástico "manifesta um escândalo, uma rachadura, uma irrupção insólita, quase insuportável, no mundo real";[2] e para Vax, para citar outro dos teóricos "clássicos", a narração fantástica "se compraz em apresentar a homens como nós o inexplicável, mas dentro do nosso mundo real",[3] ao

---

[1] Castex, *Le conte fantasique en France de Noider à Maupassante*, p.8.
[2] Caillois, De la féerie à la science-fiction, prólogo a *Anthologie du Fantastique*, v.1, p.10.
[3] Vax, *Arte y literatura fantásticas*, p.6.

que ele acrescenta: "o fantástico se nutre dos conflitos entre o real e o impossível".[4] Uma visão do fantástico que se reproduz depois nos trabalhos de Todorov (1970), Barrenechea (1972 e 1991), Bessière (1974), Finné (1980), Campra (1981 [2001] e 2000 [2008]), Cersowsky (1985), Reisz (1989), Bozzetto (1990 e 1998), Ceserani (1996) etc.[5]

Assim, a convivência conflituosa entre *possível* e *impossível* define o fantástico e o distingue de categorias próximas, como o maravilhoso ou a ficção científica, nas quais esse conflito não se produz.

Mas como identificamos um fenômeno como impossível? Evidentemente, comparando-o com a concepção que temos do real: o impossível é aquilo que não pode ser, que não pode acontecer, que é inexplicável de acordo com tal concepção. Isso determina uma das condições essenciais de funcionamento das obras fantásticas: os acontecimentos devem se desenvolver em um mundo como o nosso, isto é, construído em função da ideia que temos do real.

Mas ao mesmo tempo isso nos obriga inevitavelmente a refletir sobre a ideia de realidade com que estamos lidando, aspecto ainda descuidado pela maioria das aproximações teóricas ao fantástico. Algo surpreendente quando se mostra evidente que um dos conceitos mais questionados nas últimas décadas é a noção de realidade: são múltiplas

---

4 Ibid.

5 As novas contribuições teóricas continuam insistindo nessa mesma ideia: ver, entre outros, Erdal Jordan (*La narrativa fantástica. Evolución del género y su relación con las concepciones del lenguaje*), Mellier (*La littérature fantastique*), Lazzarin (*Il modo fantastico*), Tritter (*Le fantastique*), Royle (*The Uncanny*) e Bozzetto (*Pasages des fantastiques: des imaginaires à l'inimaginable*).

as revisões dessa noção (poderíamos até falar em "redefinições"), postuladas a partir das disciplinas mais diversas, como a física, a neurobiologia, a filosofia, a teoria literária ou a teoria da comunicação.

Devemos nos perguntar, então, se essas novas perspectivas sobre o real afetam a definição e o sentido atuais do fantástico.

Para responder a essa questão, vou examinar primeiro dois aspectos relacionados: por um lado, a nova visão do real postulada a partir da ciência, da filosofia e da tecnologia contemporâneas; por outro, a impugnação dos limites entre o real e o irreal que a narrativa pós-moderna propõe.

Existe literatura fantástica depois da física quântica?

A literatura fantástica nasceu em um universo newtoniano, mecanicista, concebido como uma máquina que obedecia a leis lógicas e que, por isso, era passível de explicação racional. Lovecraft, ainda em 1927, em seu célebre ensaio *O horror sobrenatural em literatura*, continua falando das "leis *rígidas* da Natureza" e de sua "suspensão ou transgressão maligna e particular" que define o fantástico.[6] Visto por essa perspectiva "clássica", o fantástico proporia uma exceção à estabilidade do universo.

Como conciliar essa ideia com a mudança radical de paradigma científico que se produz no século XX?

Como se sabe, a teoria da relatividade de Einstein (especial e geral) aboliu a visão do tempo e do

---

6 Lovecraft, *El horror sobrenatural en la literatura*, p.11.

espaço como conceitos universalmente válidos e percebidos de forma idêntica por todos os indivíduos: como diz Brian Greene, eles passaram a ser concebidos como "estruturas maleáveis cuja forma e modo de se apresentar dependem do estado de movimento do observador".[7] A mecânica quântica, por sua vez, revelou a natureza paradoxal da realidade: abandonamos o mundo newtoniano das certezas e nos encontramos em um mundo onde a probabilidade e o aleatório têm um papel fundamental (contradizendo a conhecida afirmação de Einstein de que "Deus não joga dados"). Como ressalta o célebre físico, Richard Feynman: "não é possível prever *exatamente* o que vai acontecer em qualquer circunstância. [...] a natureza, tal como a entendemos hoje, se comporta de tal modo que é *fundamentalmente impossível* fazer uma previsão precisa *do que exatamente acontecerá* em um experimento dado. [...] só podemos encontrar uma média estatística do que vai acontecer."[8]

Essa indeterminação da natureza das partículas subatômicas (não esqueçamos que esse é o mundo em que se move a mecânica quântica) está resumida no célebre princípio da incerteza de Heinsenberg (1927): é impossível medir simultaneamente a posição e a velocidade de uma partícula subatômica, já que para iluminá-la é necessário ao menos um fóton, e esse fóton, ao se chocar contra a partícula, alterará sua velocidade e sua trajetória em uma quantidade que não pode ser prevista. Mas o que

---

7 Greene, *El universo elegante. Supercuerdas, dimensiones ocultas y la búsqueda de una teoría unificada*, p.19.

8 Feynman, *Six easy pieces*, p.67.

há de verdadeiramente significativo nesse princípio não é simplesmente o fato de que o cientista (o observador) já não pode realizar observações exatas sobre o comportamento da realidade que analisa, e sim, sobretudo, o fato de sua intervenção modificar de maneira decisiva a natureza do que observa. Desse modo, a realidade deixa de ser objetiva e "externa", pois se vê profundamente afetada pelo indivíduo que interage com ela.

Outro fenômeno surpreendente revelado pela mecânica quântica deriva da função de onda das partículas, que admite a possibilidade de que uma partícula esteja em uma sobreposição de estados antes de ser observada: apenas a intervenção do observador ou do sistema de medida determina a passagem da indeterminação quântica à realidade concreta de um desses estados (basta lembrar o célebre paradoxo do gato de Schrödinger). De novo, a interação do observador modifica a realidade.

A partir daí se desenvolve outra das revoluções conceituais da mecânica quântica: a perda da existência de uma única realidade objetiva em favor de várias realidades que coexistem simultaneamente, ou "multiverso", no termo proposto em 1957 pelo físico Hugh Everett. Aplicando essa perspectiva ao âmbito literário, poderíamos dizer então que a cidade lovecraftiana de R'lyeh (onde Cthulhu morto aguarda sonhando), Tlön e as infinitas bifurcações dos jardins borgeanos, a dimensão em que habitam os cenobitas de *Hellraiser*, e outros tantos mundos ou dimensões paralelos deixariam de ser transgressões fantásticas para entrar na esfera do real, do possível. Claro está que, como adverte o físico japonês Michio Kaku (e sua opinião é compartilhada por outros físicos, como Guth, Wilczeck ou o prêmio Nobel Steven Weinber):

> O truque é que não podemos interagir com eles [esses outros universos], porque estão em decoerência em relação a nós [...] em nosso universo, estamos "sintonizados" em uma frequência que corresponde à realidade física. Mas há um número infinito de realidades paralelas que coexistem conosco no mesmo lugar, mesmo que não possamos "sintonizá-las". Embora esses mundos sejam muito parecidos, cada um tem uma energia diferente. E como cada mundo consiste em bilhões de átomos, isso significa que a diferença de energia pode ser muito grande. Como a frequência dessas ondas é proporcional a sua energia (segundo a lei de Planck), isso significa que as ondas de cada mundo vibram em frequências diferentes e não podem interagir entre elas. Para efeitos práticos, as ondas desses mundos vários não interagem nem influem umas nas outras.[9]

Para nossa sorte, seria preciso acrescentar, ainda está nas mãos da literatura fantástica e da ficção científica atravessar esses limites intransponíveis.

Se passamos do mundo subatômico[10] ao âmbito cosmológico, a ciência revelou a existência de enti-

---

9 Kaku, *Universos paralelos*, p.190 e 201.
10 Seria possível acrescentar outros exemplos do que décadas atrás teríamos considerado pura ficção fantástica: o chamado "efeito túnel", isto é, a possibilidade de que uma partícula subatômica possa atravessar uma barreira sólida e, assim, aparentemente impenetrável. Um comportamento impossível no nível da realidade que ocupamos, mas possível no nível subatômico.

dades ou fenômenos tão "fantásticos" (alguns deles até nunca vistos) como buracos negros, matéria escura, buracos de minhoca, energia negativa, matéria negativa... ou a própria ideia de que existem dez dimensões (nove espaciais e uma temporal), ou talvez mais.

Claro que, no que se refere à nossa discussão sobre a noção de realidade e sua relação com o fantástico, não podemos deixar passar um aspecto essencial: a magnitude dos fenômenos que estudam a teoria da relatividade e a mecânica quântica é totalmente alheia para nós porque, afinal, suas propriedades estão além da nossa experiência cotidiana do tempo e do espaço. Como não nos movemos na velocidade da luz, não podemos captar as distorções evidenciadas pela teoria da relatividade (especial e geral); o que não quer dizer que ela não seja a teoria que melhor explica o funcionamento do real em uma dimensão cosmológica. O mesmo acontece quando descemos a escalas atômicas e subatômicas: o quadro conceptual da mecânica quântica "nos mostra de maneira absoluta e inequívoca que certos conceitos básicos essenciais para nosso conhecimento do entorno cotidiano *não têm significado* quando nosso centro de interesse se reduz ao âmbito do microscópico".[11] Invertendo a sentença, o universo subatômico se baseia em princípios que, da perspectiva de nossa experiência cotidiana, são estranhos, para não dizer incríveis. Ou fantásticos. Como Feynman escreveu certa vez: "[a mecânica quântica] descreve a natureza como algo absurdo do ponto de vista do senso comum. Mas está plena-

---

11 Greene, *El universo elegante*, p.107.

mente de acordo com as provas experimentais. Por isso, espero que vocês possam aceitar a natureza tal como ela é: absurda".[12]

Para complicar um pouco mais tudo isso, acontece que a teoria da relatividade e a mecânica quântica são mutuamente incompatíveis: como diz Greene, "a relatividade geral e a mecânica quântica *não podem ser verdadeiras ao mesmo tempo*".[13] Para unificá-las, aventou-se a possibilidade da teoria das supercordas ou da teoria M, que resolveria a tensão entre ambas ao unificá-las em uma teoria única capaz, em princípio, de descrever todos os fenômenos físicos, partindo das propriedades ultramicroscópicas do universo. Mas como ainda não sabemos se a teoria das cordas é correta, nem se é a teoria definitiva sobre a natureza, prefiro evitar me meter em assunto tão espinhoso.

Em que situação tudo isso nos deixa quanto à compreensão do funcionamento do real? Utilizo de novo as explicações sagazes de Michio Kaku. Como ele diz, convivemos com dois tipos de física: "um para o estranho mundo subatômico, em que os elétrons aparentemente podem estar em dois lugares ao mesmo tempo, e outro para o mundo macroscópico em que vivemos, que parece obedecer às leis de senso comum de Newton".[14] E é a partir desse

---

12 Feynman apud Greene, *El universo elegante*.
13 Greene, *El universo elegante*, p.17.
14 Kaku, *Universos paralelos*. A realidade teria uma estrutura com vários níveis de observação, cada um dos quais – são palavras de Jorge Wagensberg (*La rebelión de las formas*, p.48) – induzindo a uma sub-realidade com suas próprias leis: "Dois níveis diferentes de observação introduzem duas realidades distintas de uma mesma realidade".

ponto, acrescento eu, que parece inevitável continuar julgando as ficções fantásticas.

Se abandonamos o domínio estrito da física e nos aproximamos da neurobiologia e das propostas da filosofia construtivista, a realidade também deixa de ser concebida como uma entidade objetiva e aparentemente estável.

Assim, António Damásio não duvida em afirmar que

> os padrões neurais e as imagens mentais correspondentes dos objetos e acontecimentos fora do cérebro são criações deste relacionados com a realidade que sua criação provoca, e não imagens especulares passivas que refletem essa realidade. [...] É preciso alertar que isso não nega a realidade dos objetos. Os objetos são reais. Também não nega a realidade das interações entre objeto e organismo. E, obviamente, as imagens também são reais. No entanto, as imagens que experimentamos são construções cerebrais *provocadas* por um objeto, e não imagens especulares do objeto.[15]

Ao que ele acrescenta algo essencial:

> Existe um conjunto de *correspondências*, acumulado na longa história da evolução, entre as características físicas dos objetos que são independentes de nós e o menu de respostas possíveis do organismo. [...] O padrão neural atribuído a um determinado objeto se constrói de acordo com o menu de

---
15 Damásio, *En busca de Spinoza. Neurobiología de la emoción y los sentimientos*, p.189.

correspondências, selecionando e juntando as peças adequadas. No entanto, somos tão semelhantes entre nós do ponto de vista biológico que construímos padrões neurais semelhantes da mesma coisa.[16]

Dessa afirmação de Damásio surgem duas ideias fundamentais: a realidade é concebida como uma construção "subjetiva", mas ao mesmo tempo compartilhada socialmente.

Trata-se de uma visão do real que coincide com a visão proposta pelos filósofos construtivistas. Nelson Goodman (*Modos de fazer mundos*, 1978), Jerome Bruner (*Realidade mental, mundos possíveis*, 1986) e, entre outros, Paul Watzlawick (*A realidade inventada*, 1989), postulam que a realidade não existe antes da consciência que temos dela, o que a converte em uma construção subjetiva. Assim, Goodman[17] sustenta que não conhecemos o mundo, e sim "versões" que dele fabricamos: "a percepção participa da elaboração do que percebemos".

Por sua vez, Watzlawick conclui que não existe "realidade real", e sim representações da realidade. E acrescenta algo essencial: a realidade é uma construção social. Aqui seria possível aplicar o conceito de "padrão neural" utilizado por Damásio, mas entendido, por essa perspectiva, como o padrão de realidade *compartilhado* pelos humanos.

O biólogo chileno Humberto Maturana (1995) também concebe a realidade como uma construção social, em que o observador é um participante constitutivo do que observa. Quando alguém fala do real, na verdade se refere à sua experiência do

---

16 Ibid, p.190-1.
17 Goodman, *De la mente y otras materias*, p.50.

real e não a uma noção objetiva. Disso se deduz que não existe uma realidade objetiva independente do observador, coincidindo – por outras perspectivas – com as teses científicas antes descritas.[18]

A cibercultura – como adverte Sánchez-Mesa[19] – também provocou uma mudança em nossa percepção da realidade a partir dos novos modos de comunicação.[20] Assim, a realidade virtual, os entornos digitais e holográficos, o hipertexto, multiplicaram os níveis ficcionais de realidade, ao mesmo tempo em que questionam a veracidade de nossas percepções e intensificam a dificuldade de distinguir entre realidade e ficção. Não vou me deter nisso, mas basta pensar nos romances ciberpunk (tendo à frente *Neuromancer*, de William Gibson, 1984), e filmes como *Dark City* (1988), *eXistenZ* (1999), *Ghost in the Shell* (2004) ou a séria sobrevalorizada e messiânica *Matrix* (1999-2003), todas narrações que coincidem com o questionamento da realidade por meio da construção de histórias cujos protagonistas vivem imersos em ambientes enganosos em cujos sentidos não se pode confiar. Dois mundos separados – "real" e virtual –, entre os quais os personagens se movem mais ou menos seguros. Embora de vez em quando se rompa a fronteira entre ambos, o que contradiz a terceira das teses expostas

---

18 Ver também Edelman e Tononi (*El universo de la conciencia: cómo la materia se convierte en imaginación*).
19 Sánchez-Mesa, *Litetatura y cibercultura*, p.15.
20 Ver, sobre esse assunto, além dos artigos reunidos em Sánchez-Mesa (*Litetatura y cibercultura*), as obras de Turkle (*La vida en la pantalla: la construcción de la identidad en la era de Internet*) e Dery (*Velocidad de escape. La Cibercultura en el final del siglo*), assim como a monografia bastante útil de Iván Gómez (*Vivir conectados. El fin de la utopía liberal*).

por Michael Heim em *Metaphysics of Virtual Reality* (1993) [Metafísica da realidade virtual] sobre as diferenças entre o mundo real e o mundo virtual: no ciberespaço, afirma Heim, não podemos sofrer danos do entorno (diferentemente do que acontece na realidade "real"). Como mostram *Matrix* e *Avalon* (2001), quem morre no mundo informático, morre também no mundo "real", "analógico".

Assim, em todas essas narrações, a imagem é utilizada como suplante e duplicação para criar (por meios informáticos) um mundo falsificado e imaterial, uma ideia ligada, além disso, à obsessão pós-moderna pelo simulacro (sobre o que tratarei adiante). Como afirma o já citado Michael Heim, o desenvolvimento das realidades virtuais nos força a examinar nosso sentido da realidade.

Em conclusão, o que se depreende de todas essas novas perspectivas é uma ideia coincidente: a realidade deixou de ser uma entidade ontologicamente estável e única, passando a ser contemplada como uma convenção, uma construção, um modelo criado pelos seres humanos (até um simulacro, como diria Baudrillard). Torna-se evidente que já não se pode conceber (reconstruir) um nível absoluto de realidade, um critério definitivo ou infalível dela. Como afirma David Deutsch:

> Nosso juízo sobre o que é real ou não sempre depende das diversas explicações disponíveis em cada momento, e às vezes vai mudando à medida que elas melhoram. [...] Não mudam apenas as explicações; também mudam (e melhoram) gradualmente nossos critérios e ideias sobre o que deve ser considerado explicação. Em consequência, a lista dos modos de explicação admissíveis permanecerá sempre em

aberto, assim como a lista dos critérios de realidade aceitáveis.[21]

A realidade está lá fora?
(A narrativa pós-moderna e o real)

Como acabamos de ver, a ciência, a filosofia e a tecnologia postulam novas condições em nosso trato com a realidade. E, como ressalta Calinescu, essas mudanças "não podem ocorrer sem analogias no nível da consciência estética".[22]

A narrativa pós-moderna supõe uma transposição perfeita dessas novas ideias, manifestas em seu questionamento da capacidade referencial da linguagem e da literatura. Coincide assim com a visão pós-estruturalista da realidade, resumida na ideia de que ela é uma construção artificial da razão (Paul de Man, *O ponto de vista da cegueira*): em vez de explicar a realidade de modo objetivo, a razão elabora modelos culturais ideais sobrepondo-os a um mundo considerado indecifrável. Isso implica a admissão de que não existe uma realidade que possa validar as hipóteses. Desse modo, e combinando com as teses científicas e filosóficas antes expostas, a realidade é vista como uma composição de construtos tão ficcionais quanto a própria literatura. O que se traduz na dissolução da dicotomia realidade/ficção.[23]

---

21 Deutsch, *La estructura de la realidad*, p.94.
22 Calinescu, *Cinco caras de la modernidad*, p.261.
23 Como destaca Federman (*Surfiction: Fiction Now and Tomorrow*, p.37), não haveria distinções "entre real e imaginário, entre consciente e inconsciente, entre passado e presente, entre verdade e inverdade".

No mundo pós-moderno não há realidade, e sim simulacro – como diz Baudrillard. Um tipo de realidade virtual criado pelos meios de comunicação que substitui ou simula ser a realidade (a hiper-realidade... ou *Matrix*). Diante do real, temos o simulacro, que é autorreferencial: os simulacros são cópias que não têm originais ou cujos originais se perderam (a Disneylândia, segundo o pensador francês, seria o melhor exemplo disso).

Assim, a narrativa pós-moderna rejeita o contrato mimético (cujo ponto de referência é a realidade) e se manifesta como uma entidade autossuficiente que não requer a confirmação de um mundo exterior ("real") para existir e funcionar. Por isso Calinescu se pergunta:

> A literatura pode ser outra coisa que não autorreferencial, dada a atual dúvida epistemológica radical e os modos pelos quais essa dúvida afeta o *status* da representação? Seria possível dizer que a literatura é uma "representação da realidade", quando a própria realidade parece ser inteiramente ofuscada pela ficção? Em que sentido a construção da realidade se diferencia da construção da mera possibilidade?[24]

A obra literária é contemplada então como um experimento verbal sem nenhuma relação com a realidade exterior ao universo linguístico. Em outras palavras, ela não remete à realidade, baseando-se em vez disso em sua própria ficcionalidade.

Pode-se conceber, então, no seio da literatura pós-moderna, a existência de uma categoria como

---

24 Calinescu, *Cinco caras de la modernidad*, p.289.

o fantástico, definida pela oposição a uma noção de realidade extratextual?

Logo voltarei a esse assunto, mas antes é preciso examinar como o fantástico se relaciona com os diversos paradigmas de realidade com os quais ele foi se deparando ao longo de sua história.

O fantástico diante dos novos paradigmas de realidade

Volto à definição exposta no início: o fantástico se define e se distingue por propor um conflito entre o real e o impossível. E o essencial para que tal conflito gere um efeito fantástico não é a vacilação ou a incerteza em que muitos teóricos (a partir do ensaio de Todorov) continuam insistindo, e sim a inexplicabilidade do fenômeno. Essa inexplicabilidade não está determinada exclusivamente no âmbito intratextual, envolvendo em vez disso o próprio leitor. Porque a narrativa fantástica, convém insistir, mantém desde as suas origens um constante debate com o real extratextual: seu objetivo primordial foi e é refletir sobre a realidade e seus limites, sobre nosso conhecimento em relação a ela, e sobre a validade das ferramentas que desenvolvemos para compreendê-la e representá-la. Bioy Casares resume com perfeição essa questão: "Na borda das coisas que não compreendemos plenamente, inventamos contos fantásticos para aventar hipóteses ou para compartilhar com outros as vertigens da nossa perplexidade".

É isso o que determina que o mundo construído nas narrativas fantásticas seja sempre um reflexo da realidade em que o leitor habita. A irrupção do impossível nesse quadro familiar supõe uma transgressão do paradigma do real vigente no mundo extratextual. E a isso se une um inevitável efeito de inquietude ante a incapacidade de conceber a coexistência entre o possível e o impossível.

Por isso não concordo com as definições imanentistas que postulam que o fantástico surgiria simplesmente do conflito, no interior do texto, entre dois códigos diferentes de realidade:

> não é para o leitor – afirma erroneamente Morales – que [o fenômeno] deve ser inverossímil (que não se pareça com a verdade de como as coisas funcionam) e incrível (impossível de aceitar dentro do quadro pré-estabelecido como existente) [...]; é para uma instância textual (narrador ou personagens) que, num dado momento do texto, acaba reconhecendo o que há de ilegal no ocorrido [...]. O fantástico então não deveria se definir pela relação com as leis do mundo, ou com o *status* de realidade concedido à aparição do fenômeno anômalo em um contexto determinado de convenções empíricas, fenomenológicas e culturais, e sim pela relação de efeitos codificados dentro do texto que deem testemunho de que duas ordens excludentes de realidade entraram em contato.[25]

Se nos atemos literalmente a essa concepção imanentista, qualquer conflito entre duas ordens, qualquer transgressão de uma "legalidade" instau-

---

25 Morales, Transgresiones y legalidades (lo fantástico en el umbral). In: Ana M. Morales y José Miguel Sardiñas (orgs.), *Odiseas de lo fantástico*, p.36-7.

rada no texto (seja ela física, religiosa, moral...) poderia ser classificada como fantástica. Mas essa transgressão não terá o mesmo significado e efeito do que aquela que articula contos como "O gato preto", de Poe, "Quem sabe?", de Maupassant, ou "O livro de areia", de Borges?

Essa definição imanentista esquece que os recursos estruturais e temáticos empregados na construção das narrações fantásticas buscam implicar o leitor no texto por duas vias essenciais:

1) os diversos recursos formais empregados para construir o mundo do texto orientam a cooperação interpretativa do leitor para que ele assuma que a realidade intratextual é semelhante à sua. Um mundo que ele reconhece e em que se reconhece. Um processo inaugurado por Hoffmann (que substituiu os mundos exóticos e distantes da narrativa gótica pela realidade cotidiana do leitor) e que não deixou de se intensificar.

2) e, o que é mais importante, a integração do leitor no texto implica uma correspondência entre sua ideia de realidade e a ideia de realidade criada intratextualmente. Isso o leva a avaliar a irrupção do impossível a partir de seus próprios códigos de realidade. Sem esquecer que os fenômenos que encarnam essa transgressão tocam pontos inconscientes no leitor ligados também ao conflito com o impossível e que intensificam seu efeito inquietante: como afirma Freud em "Das Unheimliche" (1919), a literatura fantástica traz à luz da consciência realidades, fatos e desejos que não podem ser manifestos diretamente porque representam algo proibido que a

mente reprimiu ou porque não se encaixam nos esquemas mentais em uso e, portanto, não são passíveis de racionalização. E faz isso da única maneira possível, por via do pensamento mítico, encarnando em figuras ambíguas tudo aquilo que em cada época ou período histórico é considerado impossível (ou monstruoso).

Em conclusão, o fantástico implica sempre uma projeção em direção ao mundo do leitor, pois exige uma cooperação e, ao mesmo tempo, um envolvimento do leitor no universo narrativo.

Não obstante, tudo isso não implica uma concepção estática do fantástico, porque ele evolui ao ritmo em que se modifica a relação entre o ser humano e a realidade. Isso explica que, enquanto os escritores do século XIX (e também alguns do XX, como Machen ou Lovecraft) escreviam narrativas fantásticas para propor exceções às leis físicas do mundo, consideradas fixas e rigorosas, os autores do século XX (e do XXI), uma vez substituída a ideia de um nível absoluto de realidade por uma visão dela como construção sociocultural, escrevem narrativas fantásticas para desmentir os esquemas de interpretação da realidade e do eu. Como comenta Roberto Reis, "o fantástico produz uma ruptura, ao pôr em xeque os precários contornos do real cultural e ideologicamente estabelecido".[26]

O fantástico tem, portanto, uma estreita relação com as teorias sobre o conhecimento e com as crenças de uma época, como já afirmaram Bessière

---

26 Reis, O fantástico do poder e o poder do fantástico, *Ideologies and Literature*, n.134, 1980, p.7.

(1974), Campra (2001) ou Reisz (1989). E não é só isso; o "coeficiente de irrealidade" de uma obra – utilizo o termo proposto por Rachel Bouvet (1998) – e seu efeito fantástico correspondente também dependem do contexto de recepção, e não apenas da intenção do autor.

Desse modo, a *experiência coletiva da realidade* mediatiza a resposta do leitor: percebemos a presença do impossível como uma transgressão do nosso horizonte de expectativas em relação ao real, no qual não só estão implicados os pressupostos científicos e filosóficos antes descritos, como também o que em outro trabalho[27] chamei de "regularidades", isto é, as "incertezas pré-construídas"[28] que estabelecemos em nosso trato diário com o real e por meio das quais codificamos o possível e o impossível.

Torna-se evidente, então, que a narrativa fantástica se sustenta sobre a *problematização* dessa visão convencional, arbitrária e compartilhada do real. A poética da ficção fantástica não apenas exige a *coexistência* do possível e do impossível dentro do mundo ficcional, como exige também (e acima de tudo) o *questionamento* de tal coexistência, tanto dentro quanto fora do texto.[29]

Disso se deduz que a tematização do conflito é essencial: a problematização do fenômeno é o que determina, em suma, sua fantasticidade.

---

[27] Ver "Rumo a uma teoria sobre o medo e o fantástico", p.131-61.

[28] Cf. Sánchez, Pánico en la escena. Miedo real y miedo representado. In: Vicente Domínguez (org.), *Los dominios del miedo*, p.306.

[29] Cf. Reisz, *Teoría y análisis del texto literario*, p.195-6.

O conceito de multiverso, antes comentado, me permite argumentar em favor dessa afirmação. Em uma cena do romance de Fredric Brown, *Universo de locos* (1949) [*Loucura no Universo*], o protagonista afirma o seguinte: "Se existe um número infinito de universos, então todas as possíveis combinações devem existir. Assim, em algum lugar, *tudo deve ter existência real*. Quero dizer que seria impossível escrever uma história fantástica porque, por mais estranha que fosse, ela tem mesmo que estar acontecendo em algum lugar".[30] O personagem, evidentemente, está errado: o fantástico se produzirá sempre que os códigos de realidade do mundo que habitamos estiverem sob suspeita. Que diferença faz se existe um universo em que os seres são capazes de se duplicar, vomitar coelhos ou possuir livros infinitos? Só quando tais fenômenos irrompam no nosso universo e, portanto, subvertam nossos códigos de realidade, é que se produzirá o fantástico.

Por isso, nas histórias em que o contato entre dimensões paralelas é possibilitado pelas condições de realidade com que se constrói o mundo do texto, o fantástico não se produz. Pode-se ver assim o romance *Os próprios deuses* (1972), de Asimov. Ambientado no ano 2070, ele narra, entre outras coisas, os intercâmbios produzidos entre a Terra e os habitantes de um universo paralelo (com leis físicas diferentes), graças à tecnologia do momento. Portanto, esse contato nunca se problematiza.

O fantástico, como eu dizia antes, exige a presença de um conflito que deve ser avaliado tanto

---

30 Brown, *Universo de locos*, p.243.

no interior do texto como em relação ao mundo extratextual. Como afirma Jackson,[31] o fantástico recombina e inverte o real, mas não escapa dele, estabelecendo com ele, em vez disso, uma relação simbiótica ou parasitária.

Alazraki (1990) e outros teóricos do precariamente chamado "neofantástico" se propuseram a ir além dessa concepção, postulando que o gênero não jaz sobre uma representação causal da realidade, perseguindo em vez disso, embora às vezes pareça supor uma ruptura da lógica real, uma ampliação das possibilidades da realidade. Ou, como diz Nandorfy, uma "realidade enriquecida pela diferença",[32] que eliminaria a visão do fantástico como "alteridade negativa" do real: "Ainda que as dicotomias continuem dando forma às nossas percepções, agora são contempladas como implicadas na expansão da imaginação; não a restringem mais obrigando a escolher entre verdade e ilusão, tal como ditava a visão absolutista".[33]

Mas, definido por essa perspectiva, como poderíamos distinguir o fantástico atual de outras manifestações como a literatura surrealista, que propõe uma relativização e uma ampliação do conceito de realidade por meio da inclusão de estados mentais inconscientes (o sonho, a livre associação de ideias ou a loucura) em um mesmo plano de realidade que os produtos do estado consciente? A literatura surrealista constrói uma realidade textual autônoma

---

31 Jackson, *Fantasy, The Literature of Subversion*, p.20.
32 Nandorfy, La literatura fantástica y la representación de la realidad. In: Roas (org.), *Teorías de lo fantástico*, p.261.
33 Ibid., p.259.

na qual se ampliam os limites do real ao apagar sua fronteira com o irreal. Mas isso não supõe a criação de um efeito fantástico, nem gera qualquer inquietude. Um efeito que, no entanto, se produz nas narrativas mal chamadas de "neofantásticas", em que o leitor continua percebendo a ruptura, o conflito que nelas se estabelece em relação à noção extratextual da realidade, e a perturbação que isso provoca. A impossibilidade inquietante do duplo ou do vampiro (para citar dois temas tradicionais) é a mesma que a do vomitador de coelhos cortazariano ou a do indivíduo que um dia acorda metamorfoseado em um inseto.

É verdade que a narrativa fantástica, uma vez esgotados os recursos mais tradicionais, evoluiu para novas formas de expressar essa transgressão que a define: muitos autores contemporâneos optaram por representar a transgressão por meio de uma ruptura na organização dos conteúdos, ou seja, no nível sintático.[34] Como afirma Campra (2001), já não é tão necessário o aparecimento de um fenômeno impossível (sobrenatural), porque a transgressão é gerada pela falta irresolúvel de nexos entre os diferentes elementos do real. Mas é evidente que essas narrações não põem em questão apenas a sintaxe, isto é, a lógica narrativa (isso suporia, como antes destaquei, ampliar erroneamente a categoria do fantástico aos textos surrealistas ou à literatura do absurdo). Sua dimensão transgressora vai inevitavelmente além do textual: seu objetivo é

---

[34] Sobre isso, ver os trabalhos de Campra (*Las ficciones fantásticas y sus relaciones con otros tipos ficcionales*) e Erdal Jordan (*La narrativa fantástica*).

sempre questionar os códigos que desenvolvemos para interpretar e representar o real.[35]

Devemos nos perguntar agora o que acontece com o fantástico no âmbito da literatura pós-moderna, que se caracteriza – como antes dito – por uma desconfiança geral diante do real, pela eliminação dos limites entre realidade e ficção. Se a literatura pós-moderna evita modelar o mundo fictício de acordo com o real, poderá se conceber, por esses parâmetros, um tipo de narrativa configurada em oposição a um conceito de realidade extratextual (convencional e arbitrário)? Se o mundo real deixa de ser o termo de comparação e a literatura se torna puramente autorreferencial, antimimética, o fantástico tem razão de ser na atualidade? Ou devemos abordar sua definição a partir de outros parâmetros, que excluam o real extratextual?

Examinemos duas cenas de duas obras – uma cinematográfica e outra literária – que não duvidaríamos em classificar como pós-modernas. A primeira pertence a um filme de David Lynch, *Estrada perdida* (1997). Nela vemos Fred, o protagonista, entrando em uma festa. Ele vai até o bar, pede uma bebida e, enquanto bebe, vê a chegada de um ho-

---

[35] Por isso González Salvador (*Continuidad de lo fantástico. Por una teoría de la literatura insólita*, p.56) e Campra (Lo fantástico: una isotopía de la transgresión, op. cit., p.181) erram quando afirmam que, em muitas narrativas fantásticas, uma vez que o fenômeno impossível desaparece ou é eliminado, a realidade recupera seu equilíbrio, sua normalidade. Nada mais distante disso: a realidade (nossa convenção sobre o real) nunca pode voltar a ser a mesma. Como continuar nos confrontando com ela quando nossos sistemas de percepção foram anulados ao nos mostrar a possibilidade (excepcional) do impossível?

mem estranho (muito pálido, o cabelo penteado para trás com gel e o olhar inquietante). A conversa que se desenvolve entre os dois é assustadora:[36]

> HOMEM MISTERIOSO – Já nos encontramos antes, não?
> FRED – Acho que não. Onde você acha que nos encontramos?
> HOMEM MISTERIOSO – Na sua casa. Não se lembra?
> FRED – (*surpreso*) Não, não lembro. Tem certeza?
> HOMEM MISTERIOSO – Claro. Na verdade, estou lá agora mesmo.
> FRED – (*incrédulo*) O que você quer dizer? Você está onde agora mesmo?
> HOMEM MISTERIOSO – Na sua casa.
> FRED – Isso é absurdo.
> (*O homem misterioso põe a mão no bolso, tira um celular e o oferece a Fred.*)
> HOMEM MISTERIOSO – Me ligue.
> (*Fred solta um riso abafado, como se fosse uma piada ruim. O homem misterioso põe o telefone na mão de Fred.*)
> HOMEM MISTERIOSO – Disque seu número.
> (*Fred hesita, intrigado.*)
> HOMEM MISTERIOSO – Vá em frente.
> (*Fred dá de ombros, ri, disca o número. OUVIMOS que alguém atende com o foco ainda no ROSTO DE FRED.*)
> VOZ AO TELEFONE DO HOMEM MISTERIOSO – Eu disse que estava aqui.

---
[36] Transcrevo a partir de http://www.imsdb.com/scripts/Lost-Highway.html.

(*Fred, ainda segurando o telefone, fixa o olhar no homem parado à sua frente.*)
FRED – Como você fez isso?
(*O homem misterioso aponta para o telefone.*)
HOMEM MISTERIOSO – Me pergunte.
(*Fred, de início risonho, como se fosse algum truque de mágica, de repente fica sério – é óbvio que está pensando nas fitas de vídeo. Fala ao telefone.*)
FRED – (*com raiva*) Como você entrou na minha casa?
VOZ AO TELEFONE DO HOMEM MISTERIOSO – Você me convidou. Não costumo ir aonde não me querem.
(*Fred olha para o homem à sua frente, mas volta a falar ao telefone.*)
FRED – Quem é você?
(*O homem ri – risadas idênticas – tanto no telefone como pessoalmente.*)
VOZ AO TELEFONE DO HOMEM MISTERIOSO – Devolva meu telefone.
(*O homem que está diante de Fred estende a mão para pegar o telefone. Fred ouve a linha cair, e lentamente passa o telefone de volta para o homem misterioso, que o guarda de novo no bolso.*)
HOMEM MISTERIOSO – Foi um prazer conversar com você.

A outra cena que quero comentar aparece em um romance de Agustín Fernández Mallo, *Nocilla Dream* (2007). No capítulo (ou fragmento) 55 do romance, narra-se uma situação que à primeira vista poderia ser considerada fantástica: em um posto de gasolina do deserto de Albacete, Fernando improvisa em sua guitarra; de repente, diz o narrador: "Aproxima-se um carro preto com uma linha de luzes que se deslocam no capô da esquerda à direita. Com perícia de cinema, o Pontiac Trans Am ano 1982 para no posto".[37] O leitor, que possui a referência da série de televisão *A supermáquina*, não consegue deixar de sorrir e de imaginar – equivocadamente – que se trata de algum morador da região que não apenas comprou um Pontiac, mas também acrescentou as luzinhas que enfeitam o capô do carro da série (algo que se pode ver há anos nas nossas estradas, até em humildes Ford Fiesta). O que surpreende de verdade na cena é que quem desce do carro é o próprio Michael Knight (com habilidade, o narrador se refere a ele com um sucinto "Michael"), isto é, o personagem de ficção que protagoniza a série, que começa a conversar com Fernando como se eles fossem velhos conhecidos. "Habitualmente", diz o narrador, "ele tem de altura umas três cabeças a mais que Fernando. Hoje, com suas novas botas de serpente, três e meia".[38] E não é só isso; depois de uma breve conversa, "Michael paga com um cheque da Fundação para a Lei e a Ordem",[39] uma nova piscadela para os conhecedores da série. A cena (e o fragmento 55) termina com o Pontiac se afastando dali, enquanto Fernando "começa a brincar com os acordes de *A supermáquina*".[40]

Pensemos agora no efeito que essas cenas provocam no receptor, e por quê. Ambas, não podemos esquecer, se desenvolvem em espaços que o

---
37 Fernández Mallo, *Nocilla Dream*, p.105-6.
38 Ibid., p.106.
39 Ibid.
40 Ibid.

receptor reconhece como semelhantes ao mundo extratextual.

Um bom dado para avaliar essas cenas é a reação dos personagens: o protagonista de *Estrada perdida* não consegue acreditar no que está acontecendo ("Isso é absurdo", ele resume), ou seja, percebe que há conflito com sua concepção do real; já no romance, Fernando (e, com ele, o narrador) se comporta normalmente diante de uma situação que, como se depreende do texto, é algo que não altera a realidade cotidiana intratextual (até parece ter acontecido em outras ocasiões).

Diante das duas cenas, o receptor reage como os personagens: percebemos a inexplicável duplicação do personagem de Lynch como uma transgressão tanto da concepção do real do personagem quanto da nossa. O que se traduz na inevitável sensação de inquietude que experimentamos ao contemplar a cena.[41]

No fragmento de *Nocilla Dream*, o (aparentemente) extraordinário surgiria da ruptura dos limites entre realidade e ficção. Estamos em Albacete e em um ambiente que classificaríamos como cotidiano, ou seja, não estamos no cenário da série de televisão. Nesse espaço, a presença daquele car-

---

41 Lynch desenvolve um jogo – recorrente em sua filmografia – baseado na interação entre as visões distorcidas originadas na subjetividade dos personagens e aquilo que de fato acontece na realidade ficcional. O protagonista de *Estrada perdida* experimenta um surto psicótico que o leva a trocar de identidade, o que, ao mesmo tempo (e nisso reside a essência de seu efeito fantástico), gera um mundo para além da razão constituído por elementos objetivos e subjetivos, reais e imaginários.

ro e do personagem ficcional que o dirige na série deveria ser interpretada como uma alucinação de Fernando, por causa do calor? Ou se trata de um "fantasma semiótico", como os que acometem o protagonista do conto de William Gibson, "El continuo de Gernsback" ["O contínuo de Gernsback"],[42] surgido diretamente do inconsciente coletivo, neste caso alimentado pela televisão? O narrador não diz nada, nem expõe como conflito – como acontece no conto de Gibson – a presença da supermáquina e de Michael Knight no nível da realidade (ou da ficção) que Fernando habita. Em outras palavras, o texto de Fernández Mallo não problematiza os códigos cognitivos e hermenêuticos do leitor: a presença de Michael Knight e de sua supermáquina é mais uma coisa possível neste mundo.

---

[42] Vale lembrar que o protagonista desse conto, em sua viagem pelos Estados Unidos em busca de exemplos da arquitetura "retrofuturista" dos anos 1930 e 1940, é assaltado por visões de máquinas, prédios e seres que respondem a esse estilo e que não podem estar no lugar onde ele as encontra. Seu amigo Kihn, especialista em fenômenos paranormais, óvnis e ervas, explica a razão para tais alucinações: "Se você quer uma explicação mais elegante, eu diria que você viu um fantasma semiótico. Todas essas histórias de contatos, por exemplo, compartilham um tipo de imaginário de ficção científica impregnado na nossa cultura. Eu poderia aceitar extraterrestres, mas não extraterrestres que parecessem ter saído de uma história em quadrinhos dos anos 1950. São fantasmas semióticos, pedaços de um imaginário cultural profundo que se soltaram e adquiriram vida própria, como as aeronaves de Júlio Verne que os granjeiros de Kansas viam sempre. Mas você viu outro tipo de fantasma, nada mais. Esse avião foi, em outro tempo, parte do inconsciente coletivo. Você, de alguma maneira, sintonizou-se com esse inconsciente" (Gibson, El continuo de Gernsback, *Quemando Cromo*, p.46).

A ameaça do fantástico

É claro que, para compreender e interpretar uma cena como essa, não se pode esquecer outro fator recorrente na narrativa pós-moderna: a paródia. Neste caso, o romance de Fernández Mallo exige ao leitor que realize uma leitura consciente da modalidade paródica do texto, que colabora tanto para tornar verossímil o que é narrado (o texto reconhece explicitamente seu caráter artificial) como no apagamento – não problemático – dos limites entre realidade e ficção. Ressalvando as muitas distâncias, seria possível dizer que se produz uma integração e uma equivalência absoluta do real e do imaginário semelhante àquela que articula as narrativas mágico-realistas.

Assim, a diferença reside no fato de o fantástico problematizar os limites entre realidade e irrealidade (ou ficção), enquanto a narrativa pós-moderna (falando em um sentido muito geral) os apaga, harmonizando, portanto, aquilo que identificaríamos como real e aquilo que identificaríamos como imaginário.

Insisto, então, que o fantástico exige constantemente que o fenômeno descrito seja contrastado tanto com a lógica construída no texto como com essa outra lógica – também construída – que é nossa visão do real. A narração fantástica sempre nos apresenta duas realidades que não podem conviver: assim, quando essas duas ordens – paralelas, alternativas, opostas – se encontram, a (aparente) normalidade em que os personagens se movem (reflexo da do leitor) se torna estranha, absurda e inóspita. E não é só isso. Nas narrativas fantásticas, o fenômeno impossível é sempre postulado como exceção a uma determinada lógica (a da realidade extratextual) que organiza a narrativa.[43] Por isso nos inquieta.

No romance pós-moderno não se produz esse conflito entre ordens, porque tudo entra no mesmo nível de realidade (ou de ficcionalidade): assumimos tudo o que é narrado dentro de um mesmo código de verossimilhança interna. A lógica do texto não é rompida.

Mas, ao mesmo tempo, a narrativa fantástica e a narrativa pós-moderna (continuo falando de maneira geral) apresentam coincidências reveladoras, algo que os críticos têm deixado de enxergar. Por caminhos diferentes, ambas impugnam a ideia de um mundo racional e estável e, portanto, a possibilidade de seu conhecimento e de sua representação literária. A narrativa pós-moderna faz isso por meio da autorreferencialidade: como diz Hutcheon, não existe uma verdade exterior que unifique ou verifique o que é expresso, e o texto reconhece sua identidade como artefato e não como simulacro de uma "realidade externa".[44] Por sua vez, o fantástico revela a complexidade do real e nossa incapacidade para compreendê-lo e explicá-lo, e faz isso por meio da transgressão da ideia (convencional e arbitrária) que o leitor faz da realidade, o que implica uma contínua reflexão sobre as concepções que desenvolvemos para explicar e representar o mundo e o eu.

---

[43] Algo que inevitavelmente os teóricos do neofantástico também advertem: o próprio Cortázar não deixa de reconhecer isso, ressaltando que, em determinadas situações, "tem-se a impressão de que as leis a que costumamos obedecer não se cumprem plenamente ou são cumpridas de maneira parcial, dando lugar a uma exceção" (http://www.juliocortazar.com.ar/cuentos/confe1.htm).

[44] Hutcheon, *A Poetics of Postmodernism. History. Theory. Fiction*, p.119.

Em ambos os casos, a realidade não é negada, evidenciando-se em vez disso – por caminhos diversos – que a percepção que temos dela é feita através de representações verbais, o que implica assumir a artificialidade de nossa ideia sobre a realidade e, por extensão, sobre nós mesmos. Questionamos nosso conhecimento. Como comenta Susana Reisz:

> [...] as ficções fantásticas se sustentam no questionamento da nossa própria noção de realidade e tematizam, de modo muito mais radical e direto que as demais ficções literárias, o caráter ilusório de todas as "evidências", de todas as "verdades" transmitidas em que o homem de nossa época e de nossa cultura se apoia para elaborar um modelo interior do mundo e situar-se nele.[45]

A diferença entre a narrativa fantástica e a (definição geral que se pode propor para a) narrativa pós-moderna reside nos modelos diversos de leitura (e, portanto, de pactos ficcionais) que elas exigem. O que nos conduz a outro aspecto que cabe destacar (e por isso eu vinha insistindo em ressalvar que falava em termos gerais): nem toda narrativa pós-moderna se apoia no conceito de autorreferencialidade. Um bom exemplo disso é um dos gêneros mais cultivados na atualidade: o romance autoficcional, que se caracteriza pela inserção na narrativa de numerosos elementos *reais* pertencentes à biografia do autor (a começar por seu próprio nome, idêntico ao do narrador e ao do protagonista), junto com outros dados completamente inventados, de

---

45 Reisz, *Teoría y análisis del texto literario*, p.194.

modo que a narrativa induz o leitor a realizar um pacto referencial, mas também, e simultaneamente, um pacto ficcional.[46]

Tudo isso leva a concluir que o fantástico continua tendo vigência e um lugar dentro do panorama literário pós-moderno. Melhor dizendo, ainda que soe óbvio, ele *é literatura pós-moderna*. O que permite calar algumas vozes agourentas que negaram essa vigência ou que o contemplam como uma categoria defasada.

O que é preciso evidenciar é como o fantástico foi se transformando (ainda que conservando muitas de suas convenções formais e temáticas) em função das mudanças em nosso trato com o real.

O fantástico contemporâneo assume – como antes dito – que a realidade é fruto de uma construção da qual todos participamos. Mas essa admissão não impede que continue sendo necessário o conflito entre o narrado e a (ideia de) realidade extratextual para que se produza o efeito do fantástico. Porque seu objetivo essencial é questionar essa ideia.

Os autores atuais se valem do fantástico não apenas para denunciar a arbitrariedade de nossa concepção do real, mas também para revelar a estranheza do nosso mundo. Como adverte Erdal Jordan,[47] a narrativa fantástica contemporânea não tenta abolir a referência extratextual ("será sempre o limite através de cuja transgressão ela se define");

---

46 Cf. Casas (2008). Sobre a autoficção e sua relação problemática com o real, ver, entre outros, Colonna (*Autofiction & autres mythomanies littéraires*), Gasparini (*Est-il je? Roman autobiographique et autofiction*) e Alberca (*El pacto ambiguo. De la novela autobiográfica a la autoficción*).

47 Erdal Jordan, *La narrativa fantástica*, p.59-60.

o que faz é criar novos sistemas referenciais ou "mundos alternativos" que, ao serem homologados à "realidade", questionam a vigência dessa noção.

Assim, por exemplo, Millás reconhece sua preferência por "aqueles contos em que se parte de situações muito conhecidas e nos quais, de repente, basta a troca de um adjetivo para modificar o ponto de vista sobre essa realidade, que passa assim de cotidiana a inquietante" (citação de Casquet, 2002). Cristina Fernández Cubas expressa algo semelhante em seu conto "O ângulo do horror": o protagonista, para explicar a sua irmã o que está acontecendo, uma nova percepção do mundo que ele adquiriu sem saber e que o perturba enormemente, o descreve deste modo (em suas palavras, basta substituir o termo "casa" pelo termo "realidade" para que o texto adquira toda sua dimensão):

> Era a casa, a casa em que agora estamos você e eu, a casa em que passamos todos os verões desde que nascemos. E, no entanto, havia algo de muito estranho nela. Porque era exatamente *esta casa*, só que, por um estranho dom ou castigo, eu a contemplava a partir de um insólito ângulo de visão. [...] Um estranho ângulo que, não pelo horror que me produz, deixa de ser real... Sei que não conseguirei me livrar dele em toda a minha vida.[48]

O problema do fantástico é que, quando nos aproximamos desse insólito ângulo de visão, a única coisa que contemplamos é o horror. Não há ne-

---

48 Fernández Cubas, El ángulo del horror, *El ángulo del horror*, p.109.

nhum consolo nessa nova perspectiva da realidade (como também comenta Millás). E também não há lugar para a ampliação "positiva" que reivindicam Alazraki e Nandorfy.

Enfim, o mundo da narrativa fantástica contemporânea continua sendo nosso mundo, e nós continuamos nos vendo representados no texto. Nossos códigos de realidade – arbitrários, inventados, mas, e isso é importante, compartilhados – não apenas não deixam de funcionar quando lemos textos fantásticos, como também atuam sempre como contraponto, como contraste de fenômenos cuja presença impossível problematiza a ordem precária ou a desordem em que fingimos viver mais ou menos tranquilos.

3.
Contexto sociocultural e efeito fantástico: um binômio inseparável

Um dia, um homem recebe em sua casa a visita de um vendedor de Bíblias. Entre os diversos livros que lhe oferece, há um diferente dos demais. Trata-se de um livro de inumeráveis páginas. Um livro infinito. O homem o examina e, transtornado pela presença de um objeto que ele sabe impossível, nada pode fazer a não ser exclamar: "Isso não pode ser." O vendedor de Bíblias, que já previa essa reação (porque também pensa a mesma coisa), responde de maneira lacônica: "Não pode ser, mas *é*." Essa cena, esse paradoxo narrado por Borges em seu conto "O livro de areia", define perfeitamente o gênero fantástico.

Dentro da ideia do real (do possível) que os personagens do conto compartilham, a existência de um livro infinito é impossível, contraria as leis físicas que organizam o mundo (como diz o protagonista: "Senti que era um objeto de pesadelo, uma coisa obscena que inflamava e corrompia a realidade.").[1] O problema é que, apesar de tudo, o livro está ali. "Não pode ser, mas *é*."

Por que essa história fantástica impressiona os leitores? Para além da habilidade do narrador em comunicar o escândalo (e o temor) do protagonista, para além da verossimilhança em que está mergulhado o conto todo, a inquietude que o leitor experimenta nasce da relação inevitável que estabelece entre a história narrada e seu próprio mundo, entre um fato ficcional e sua própria realidade.

O mundo construído nos contos fantásticos é sempre um mundo em que de início tudo é normal e que o leitor identifica com sua própria realidade. E não me refiro aqui simplesmente à presença no texto de dados provenientes da realidade objetiva (assim, no conto de Borges o protagonista vive em Belgrano, fala-se da Bíblia, menciona-se Lutero, Stevenson, a cidade de Bombaim e o Museu Britânico). Além dessas referências, reconhecíveis pelo leitor e que garantem uma evidente ilusão de realidade, o que é verdadeiramente importante é que a construção do mundo textual parece estar destinada a demonstrar que ele funciona de modo idêntico ao real. Um funcionamento aparentemente normal que, de repente, se verá alterado pela presença do sobrenatural, isto é, por um fenômeno que contradiz as leis físicas que organizam esse mundo. É isso o que leva os leitores a abandonar o âmbito estrito do textual e a assomar a sua própria realidade: primeiro, para pôr o narrado em contato com a sua ideia do real, uma vez que é algo que a contradiz; e, segundo, e que para mim é muito mais importante, para in-

---

1 Borges, El libro de arena. In: _____, *El libro de arena*, p.115.

terpretar o verdadeiro sentido da história narrada: se o mundo do texto, que funciona como o nosso, pode-se ver assaltado pelo inexplicável, poderia isso ocorrer no nosso mundo? Ainda, quem poderia supor que isso pudesse acontecer na realidade? Esse é o grande efeito do fantástico: provocar – e, portanto, refletir – a incerteza na percepção do real.

Podemos afirmar, portanto, que a literatura fantástica oferece sempre uma temática tendente a contradizer nossa concepção do real. Por mais que saibamos quanto são fictícios os fatos narrados, o leitor deve contrastá-los com sua ideia do real para avaliar na medida justa o que acontece na história narrada e, sobretudo, para compreender o que se pretende com a narração de tal história (alterar nossa noção do real). O fantástico, portanto, depende sempre do que consideramos real, e o real deriva diretamente daquilo que conhecemos.[2] Assim, não podemos manter nossa recepção limitada à realidade intratextual quando nos deparamos com um conto fantástico. Relacionando o mundo do texto com o mundo real, torna-se possível a interpretação do efeito ameaçador que o narrado impõe para as crenças sobre a realidade empírica.

É evidente que, em todo processo de leitura, seja de um texto fantástico, seja de um texto "realista" (mimético), o leitor projeta sua visão do mundo externo sobre o mundo criado no texto para interpre-

---

[2] Toda representação da realidade depende do modelo de mundo de que parte uma cultura: "realidade e irrealidade, possível e impossível se definem em sua relação com as crenças às quais um texto se refere" (Segre, *Principios de análisis del texto literário*, p.257).

tar o que acontece nele.[3] Ler supõe cooperar com o texto, colocá-lo em contato com nossa experiência do mundo. Mas, a meu ver, a literatura fantástica obriga, mais que qualquer outro gênero, a ler referencialmente os textos. Sabemos que um conto é fantástico por sua relação *conflituosa* com a realidade empírica. É por isso que ele vai além do tipo de leitura gerado por uma narração realista, em que o interesse da história está focado principalmente nos conflitos enfrentados pelos personagens, uma vez que tudo o que acontece, dentro de suas múltiplas variações, se situa sempre dentro do possível. A analogia com o mundo real é total. Não há transgressão, tudo é coerente, homogêneo. Em outras palavras, nas ficções realistas a "verdade" dos fatos não está sujeita à discussão, uma vez que a realidade representada coincide com a experiência do leitor.[4]

---

3 A fenomenologia e a pragmática do conto tornaram evidente a relação dialética que existe entre o mundo do texto e o mundo do leitor. Assim, Hrushovski ressalta que ler supõe projetar o "campo de referência externo" (ERF), isto é, a realidade física, social e humana, sobre o "campo de referência interno" (IRF), criado no texto. O IRF é um conjunto heterogêneo de elementos (personagens, situações, espaços, ideias etc.), relacionados entre si, que a linguagem do texto institui desde a primeira frase, ao mesmo tempo que se refere a ele, e que está modelado a partir de aspectos da realidade externa (Harshaw (Hrushovski), Fictionality and Fields of Reference. Remarks on a Theoretical Framework, *Poetics Today*, 5, 2, 1984, p.227-51). Por sua vez, Paul Ricoeur, por exemplo, fala da intersecção entre o mundo do texto e o mundo do leitor (Narratividad y referencia. In: _____, *Tiempo y narración*, p.153-60). Sobre esse assunto, ver também Villanueva, *Teorías del realismo literario* (sobretudo as páginas 101 a 120).

4 Ver Campra, Lo fantástico: una isotopía de la transgresión. In: Roas (org.), *Teorías de lo fantástico*, p.156.

Assim, a confrontação – sempre problemática – que se produz entre o crível e o incrível, entre o real e o sobrenatural, é o que distingue a literatura fantástica de outros gêneros (ou subgêneros) narrativos, sobretudo daqueles, como a literatura maravilhosa, em que também há a intervenção de fenômenos que à primeira vista consideraríamos sobrenaturais. O mundo maravilhoso, diferentemente do fantástico, é sempre construído como um lugar inventado – um mundo paralelo – onde qualquer fenômeno é possível, o que permite ao leitor supor que tudo o que acontece ali é normal, *natural*. Esses textos, assim, *não provocam a intervenção de nossa ideia de realidade*, de modo que não se estabelece nenhuma transgressão dessa ideia.

Diante do maravilhoso, o mundo construído no interior do texto fantástico deve oferecer signos que possam ser interpretados a partir da experiência de mundo do leitor. Isso lhe permite contrastar as naturezas opostas dos acontecimentos narrados e captar sua relação de conflito.

Um conflito que, em muitas ocasiões, já é declarado explicitamente pelos narradores fantásticos nas primeiras linhas de seus contos:

> Confesso que encaro com considerável timidez a estranha narração que estou a ponto de relatar. Os acontecimentos que pretendo detalhar são de uma natureza tão extraordinária que estou plenamente preparado para me confrontar com uma quantidade incomum de incredulidade e escárnio. Aceito tudo de antemão. Tenho, confio nisso, o valor literário necessário para enfrentar o ceticismo. Decidi, depois de uma madura consideração, contar da forma mais sim-

ples e direta possível alguns fatos que testemunhei no último mês de julho, e que não têm precedentes nos anais dos mistérios da ciência física.[5]

Como vemos, o narrador tem perfeita consciência de que os acontecimentos que vai relatar contradizem aquilo que o leitor conhece de seu universo. No entanto, conta justamente por isso, por essa contradição. Essa é a razão básica do conto fantástico: revelar algo que vai transtornar nossa concepção da realidade. Sem esquecer, além disso, que, em todo conto fantástico, o fenômeno sobrenatural é sempre sugerido como exceção, como um acontecimento incomum, pois do contrário se converteria em algo normal e não seria tomado como uma transgressão, como uma ameaça.

Assim, todos os esforços do narrador se destinam a vencer a esperada incredulidade do leitor (que sabe que, no seu mundo, essas coisas não acontecem) e conseguir fazer com que a ocorrência sobrenatural seja aceita, que sua presença se imponha como factível, ainda que ela não possa ser explicada. Admitir sua origem sobrenatural não significa explicá-lo (compreendê-lo), como acontece com o protagonista de "O livro de areia".

E não se trata apenas de construir um espaço verossímil[6] e similar em seu funcionamento ao mundo do leitor, e sim que o narrador – como demonstra a evolução do gênero fantástico – trans-

---

5 O'Brien, ¿Qué es eso? In: _____, *La lente de diamante y otros relatos de terror*, p.71.
6 Sobre o problema da verossimilhança fantástica, ver Šrámek, La Vraisemblance dans le récit fantastique, *Études Romanes de Brno*, XIV, 1983, p.71-82.

fira esse mundo ao texto em sua mais absoluta cotidianidade. Desde suas distantes origens nos castelos medievais em ruínas do romance gótico, as histórias fantásticas vieram progressivamente se instalando na simples e prosaica vida cotidiana, para impressionar um leitor que, com o passar do tempo, foi se tornando cada vez mais cético diante do sobrenatural.[7] Quanto mais próximo do leitor, mais crível, e quanto mais crível, maior será o efeito psicológico produzido pela irrupção do fenômeno insólito.

Mas existem narrativas em que a representação de uma realidade cotidiana e de elementos que o leitor identifica como sobrenaturais não provoca um efeito fantástico. Temos um bom exemplo disso em *A Christmas Carol* ("Um conto de Natal"), de Charles Dickens, em que a presença dos fantasmas que vêm atormentar o pobre Scrooge não tem nenhuma vontade transgressora. E isso é assim porque o efeito final que se quer comunicar é uma alegoria moral: os fantasmas são simples advertências para que Scrooge volte ao caminho "correto". Não esqueçamos, além disso, que tudo parece acontecer em sonhos, explicação racional que desbarata, como sabemos, o efeito fantástico. Assim, essa alegoria moral que se quer comunicar é o que determina a recepção do leitor: uma vez acabada a

---

[7] São numerosas e variadas as estratégias discursivas e narrativas para conseguir fazer o leitor abandonar seu ceticismo e aceitar a dimensão sobrenatural do narrado, ou, quando menos, duvidar da explicação racionalista da realidade. Pode-se ver uma análise de algumas dessas estratégias em Herrero Cecilia, *Estética y pragmática del relato fantástico – las estrategias narrativas y la cooperación interpretativa del lector*, p.145-238.

leitura, o que inicialmente poderia passar por narrativa fantástica acaba desembocando em um tipo de história muito diferente, uma vez que sua intenção se afasta daquela alteração de nossa ideia do real que define o fantástico. Com isso torna-se evidente que não podemos decidir *a priori* que um conto é fantástico pelo mero fato de que apareçam em suas páginas supostos fenômenos sobrenaturais. A qualidade fantástica de um texto não é nunca apriorística, estabelecendo-se à medida que avançamos na leitura. Pensemos, por exemplo, em narrativas aparentemente fantásticas como os romances góticos de Ann Radcliffe, onde tudo se explica racionalmente no final, demonstrando que os fenômenos sobrenaturais que aparecem nas histórias não passam de truques para aterrorizar os personagens (e, com eles, o leitor). O que a princípio parece fantástico, tanto para os personagens quanto para o leitor, é desmentido no final da leitura.[8]

---

8 A mesma coisa acontece com o que Jean Fabre chama de "fantasmatique", e que não deve ser confundido com o fantástico (*Le Memoir de sorcière. Essai sur la littérature fantastique*). O "fantasmatique" corresponde à expressão direta de fenômenos psicológicos ou psicopatológicos, como o sonho, a alucinação (como efeito da febre ou do uso de drogas), a obsessão etc. Essa forma de "fantástico" funciona provisoriamente no decorrer da leitura, gerando efeitos similares de suspense e angústia. Seu final explicado, no entanto, elimina o efeito fantástico e produz uma evidente decepção no leitor. Trata-se, afinal, de um falso sobrenatural. Mas Fabre acrescenta que "seria simplista concluir pela incompatibilidade entre Fantástico e Fantasmático" (p.121), e dá exemplos em que os recursos do sonho e da loucura de fato geram um efeito fantástico: os sonhos de caráter preditivo, ou seja, os que se convertem em realidade ("para isso é preciso que ele transgrida seu estatuto natural de jardim privado do in-

A ameaça do fantástico

O componente sobrenatural da narrativa de Dickens não tem como finalidade estabelecer uma transgressão ameaçadora do real, sendo em vez disso utilizado como meio para intensificar o efeito moral da história sobre o leitor. Trata-se, pois, para utilizar um conceito cunhado pelos formalistas russos, de uma questão de *dominante*.[9] Jakobson definia o dominante como o componente central de uma obra de arte que rege, determina e transforma todos os demais. Aplicando essa ideia aos textos fantásticos, poderíamos dizer que a função primordial deles seria transgredir a concepção do real que os leitores possuem. Quando essa transgressão desaparece ou passa a ocupar um posto secundário, substituída por outra função (no exemplo comentado, a alegórica), a narrativa não pode ser considerada fantástica.

Algo semelhante acontece nos textos em que se combina o sobrenatural e o humor, um assunto bastante espinhoso que requer muito mais espaço do que seria possível dedicar aqui. Ainda assim, não resisto a colocar algumas ideias básicas.

---

consciente, de clausura insular, e que interfira na realidade, criando algo sobrenatural que o escritor possa tratar de maneira maravilhosa ou fantástica", p.124); e aquelas narrativas, como "O Horla", de Maupassant, e *A outra volta do parafuso*, de Henry James, nas quais se cria um efeito ambíguo entre uma explicação sobrenatural e uma racional (a possível doença mental do personagem).

9 O conceito de dominante está documentado já em Tomashevski e em Tynyanov no contexto da teoria dos gêneros, tendo sido utilizado por Jakobson para definir a função poética. Ver Tomashevski, *Teoría de la literatura*; e Jakobson, Lingüística y poética, In: _____, *Ensayos de lingüística general*, p.347-95.

Como observa Bakhtin com muita lucidez, "o riso destrói o medo e o respeito pelo objeto, pelo mundo, transformando-o em um objeto de contato familiar, preparando com isso sua investigação livre e completa".[10] E é assim porque o riso estabelece uma distância entre o leitor e o mundo da narrativa, o que provoca o desaparecimento da habitual identificação que se estabelece entre o leitor e o personagem. Quando o humor se combina ao sobrenatural em narrativas (supostamente) fantásticas, não apenas desaparece essa identificação leitor-personagem como também – algo muito mais importante – a que existe entre a realidade do leitor e a realidade representada no texto. Sem esquecer que o narrador, por meio desse distanciamento que o humor lhe permite, oferece um tratamento da história claramente descrente. Em um e outro âmbito – emissor e receptor – estabelece-se o que poderíamos denominar uma "distância de segurança" em relação ao sobrenatural, desvirtuando o possível efeito fantástico.

Assim, enquanto no conto de Dickens o sobrenatural é utilizado como meio para comunicar e intensificar o efeito da alegoria moral, neste caso ele se converte em um mero veículo do humor. E essa união entre o sobrenatural e o cômico costuma desembocar no grotesco. Um bom exemplo disso é o que temos no conto "Perda de fôlego", de Edgar Allan Poe, cujo protagonista perde o fôlego (deixa de respirar) em uma discussão com sua mu-

---

10 Bakhtin, Épica y novela. Acerca de la metodología del análisis novelístico. In: _____, *Teoría y estética de la novela*, p.468.

lher, mas isso não supõe sua morte. A narrativa nos oferece aventuras sucessivas e disparatadas tendo como culpado esse novo estado (todos acham que ele está morto), até que no final, por puro acaso, ele consegue recuperar o fôlego perdido.[11] Neste caso, é o tratamento humorístico do fenômeno o que o despoja de seu possível componente transgressor. Trata-se pura e simplesmente de um jogo grotesco – isto é, deformante e hiperbólico – que estabelece uma situação que transcende toda verossimilhança e que vai além de qualquer sentido. A única coisa que interessa é sua deformação. Uma ideia que coincide com a definição do grotesco proposta por Valeriano Bozal:

> Utilizo o termo *grotesco* para me referir às imagens que não se limitam a uma representação satírica corretora ou reformadora, imagens que encontram interesse estético na deformação (*grotesca*) da natureza e que, portanto, valorizam em si mesma essa deformação sem finalidades ulteriores.[12]

---

11 Dois contos de temática e intenção semelhante ao de Poe são "O nariz", de Nikólai Gógol (o nariz do protagonista ganha independência de seu rosto por um tempo) e "Onde está minha cabeça?", de Benito Pérez Galdós (um dia o protagonista acorda sem cabeça e sua única preocupação é recuperá-la; curiosamente, sua nova aparência não produz nenhum espanto nas pessoas que ele vai encontrando). Ver uma análise mais detalhada desses três contos em minha tese de doutorado: *La recepción de la literatura fantástica en la España del siglo XIX*, Universidad Autónoma de Barcelona, 2000, cap. VII, seção 2.3.5.
12 Bozal, Goya: imágenes de lo grotesco. In: Davis; Smith (orgs.), *Art and Literature in Spain: 1600-1800*, p.50.

Desse modo, a intencionalidade do grotesco não vai além do estrito campo do fictício, ou seja, dirige-se sempre à ficção e não ao referente real. A hipérbole grotesca impede que o leitor possa chegar a "acreditar" no que é narrado, que é consumido fundamentalmente como um divertimento. O efeito final é única e exclusivamente o riso. Porque essa é a intenção final do autor: oferecer uma história humorística. Trata-se, de novo, de um problema de *dominante*.

Os contos de Dickens e Poe são, portanto, narrativas "pseudofantásticas", termo com o qual identifico as narrativas que utilizam estruturas, temas e recursos próprios do conto fantástico autêntico, mas cujo tratamento do sobrenatural os distancia do gênero: são textos que não pretendem criar qualquer efeito sinistro sobre o leitor, uma vez que, ou terminam racionalizando os supostos fenômenos sobrenaturais, ou a presença deles não passa de um pretexto para oferecer uma narrativa grotesca, alegórica ou satírica.[13]

No fim das contas, o que diferencia radicalmente os textos citados das narrativas fantásticas puras é que, com eles, o leitor nunca vê sua ideia de realidade ameaçada.

Como se faz evidente, a condição genérica que estou expondo para definir o fantástico se situa na dimensão pragmática do texto, na forma como ele é lido e interpretado, uma vez que, a meu ver, o fantástico depende diretamente da ideia de realidade

---

13 Sobre a terminologia exposta e sua aplicação no estudo da literatura fantástica espanhola do século XIX, ver o capítulo VII (seções 2.2.4 e 2.3.5) de minha tese de doutorado, antes citada.

que o leitor tem.[14] Em outras palavras, para definir o gênero fantástico é necessário contrastar o mundo do texto com o contexto sociocultural em que vive o leitor. O discurso fantástico é, como alerta Roberto Reis, um discurso em relação intertextual constante com esse outro discurso que é a realidade, entendida como construção cultural.[15]

Isso supõe ir além de definições de caráter estruturalista ou imanente, como a de Todorov,[16] que se esquiva do problema da relação com o real postulando que a existência do fantástico depende unicamente da reação do leitor implícito, uma entidade que faz parte do mundo ficcional. A definição de Todorov reduziria, desse modo, o fantástico a um puro jogo intratextual: cria-se no texto um mundo cujo funcionamento é alterado por um fenômeno que vai além da lógica que ordena esse mundo (à primeira vista, não importaria muito se está próximo ou não da realidade). E essa alteração provoca a vacilação do leitor implícito, que não sabe como

---

14 É claro que, como comenta Susana Reisz, "quando se procura estabelecer o grau de adequação de um texto à realidade, é preciso renunciar a todo tipo de definição ontológica e basear-se, em vez disso, naquilo que aceitamos cotidianamente como realidade, em geral sem questionamento, naquilo que apreendemos e descrevemos como realidade e que ao ser verbalizado é, se não constituído, ao menos co-constituído pela língua de que nos valemos para verbalizá-lo e, mais especificamente, pelos textos concretos nos quais o verbalizamos. Não falamos, portanto, da realidade em *si* nem do mundo em *si*, mas dos modelos interiores do mundo exterior postos em jogo pelos comunicantes no ato de comunicação" (*Teoría y análisis del texto literario*, p.110).
15 Reis, O fantástico do poder e o poder do fantástico, *Ideologies and Literature*, n.134, 1980, p.6.
16 Ver Todorov, *Introduction à la littérature fantastique*, p.28-45.

explicar o que aconteceu. Definida desse modo, qual seria então a transcendência da literatura fantástica? Como explicar a inquietude provocada no leitor real e o interesse que ela continua suscitando no gênero fantástico? Não é estranho que Todorov compare o funcionamento da narrativa fantástica com o da literatura policial mais clássica, baseando-se única e exclusivamente no jogo formal da resolução de um mistério aparentemente insolúvel. A intenção última da narrativa policial não é outra senão conquistar a admiração e o prazer do leitor diante de sua perfeição formal. Tudo fica, portanto, dentro do estrito âmbito intratextual.[17]

Apesar de tudo, Todorov não pode deixar de reconhecer a relação do fantástico com o mundo extratextual ao enumerar os temas que caracterizam o gênero, todos eles são expressão de nossa visão do real, de nossos temores e tabus.

Essa definição pragmática que estou expondo também supõe ir além das definições baseadas no uso particular da linguagem que se faz nos textos fantásticos. Embora Rosalba Campra[18] tenha razão ao afirmar que o fantástico se caracteriza por uma transgressão linguística em todos os níveis do texto – em outras palavras, que "não é apenas um fato da percepção do mundo representado, mas também de escrita"[19] –, é muito significativo que a própria

---

17 Isso é o que diferencia a literatura policial do romance *noir*, em que o problema formal, o mistério a resolver, funciona simplesmente como pretexto ou armação para desenvolver uma visão crítica da sociedade.
18 Ver Campra, Lo fantástico: una isotopía de la transgresión. In: Roas, *Teorías de lo fantástico*, p.153-91.
19 Cambra, Lo fantástico: una isotopía de la transgresión, op. cit., p.191.

autora reconheça a necessidade de uma leitura referencial, de contrastar os fenômenos narrados com a concepção que o leitor tem do real para poder identificar um texto como fantástico.[20] Não obstante, essa perspectiva linguística serviu para tornar evidente que a transgressão, a subversão, proposta por toda narrativa fantástica não se limita unicamente a sua dimensão temática, manifestando-se também no nível linguístico, uma vez que, ao propor a descrição de um fenômeno impossível, altera a representação da realidade estabelecida pelo sistema de valores compartilhado pela comunidade. A literatura fantástica manifestaria, assim, as relações problemáticas que se estabelecem entre a linguagem e a realidade, uma vez que tenta representar o impossível, ou seja, ir além da linguagem para transcender a realidade admitida.

E tudo isso nos leva, de novo, a afirmar a necessária leitura referencial dos textos fantásticos, a colocá-los sempre em contato com a realidade extratextual, com o contexto sociocultural do leitor.

Acontece a mesma coisa quando nos confrontamos com o que deu por se chamar de "neofantástico", termo cunhado por Alazraki[21] que identifica uma nova forma de cultivar o fantástico e que pode-

---

20 Mary Erdal Jordan, depois de definir o fantástico moderno como um fenômeno linguístico, também considera "tal narrativa extremamente dependente de uma noção de extratexto que a define como expressão de uma realidade contrastada" (*La narrativa fantástica. Evolución del género y su relación con las concepciones del lenguaje*, p.111).

21 Alazraki, ¿Qué es lo neofantástico?, publicado em *Mester*, v.XIX, 2, outono de 1990, p.21-33; reunido com algumas correções em Roas, *Teorías de lo fantástico*, p.265-82.

mos exemplificar, para citar apenas alguns autores, com as obras de Kafka, Borges e Cortázar. Desse modo, Alazraki contradiz a discutível afirmação de Todorov de que o gênero fantástico já não tem razão de ser no século XX, por ter sido substituído pela psicanálise.[22]

Essa asseveração de Todorov é motivada, sobretudo, por um fato fundamental, manifesto claramente em *A metamorfose*, de Kafka: a ausência de vacilação e de espanto tanto no narrador quanto nos personagens diante de um fenômeno que não duvidaríamos em classificar como sobrenatural.[23] Uma ausência que Todorov justifica afirmando que o mundo descrito na narrativa de Kafka é totalmente estranho, tão anormal como o acontecimento que lhe serve de fundo. Isso o leva a considerar o mundo criado por Kafka como um mundo de ponta-cabeça em que o fantástico deixa de ser uma exceção para se converter em sua regra de funcionamento. Desse modo, já não haveria possibilidade alguma de transgressão do real, que é o que define o fantástico.

Para Alazraki, entretanto, a obra de Kafka mostra a transformação que se produz entre a literatura fantástica do século XIX e a do XX. Na primeira, caracterizada pelo efeito aterrorizante sobre o leitor (ausente, segundo Alazraki, no neofantástico), o que se postula é a possível ruptura da coerência do mundo, considerado – segundo a visão oitocen-

---

[22] "A psicanálise substituiu (e tornou inútil) a literatura fantástica. [...] Os temas da literatura fantástica se tornaram, literalmente, os mesmos das pesquisas psicológicas dos últimos cinquenta anos." (Todorov, *Introduction à la littérature fantastique*, p.169).

[23] Todorov, *Introduction à la littérature fantastique*, p.177-84.

tista – uma entidade perfeitamente ordenada e imutável. O neofantástico, pelo contrário, responderia a uma concepção inédita da realidade, segundo a qual à margem do racional existiria outra realidade que, em determinadas ocasiões, se imiscui no devir da primeira. Nas palavras de Cortázar:

> [...] o fantástico é a indicação súbita de que, à margem das leis aristotélicas e de nossa mente pensante, existem mecanismos perfeitamente válidos, vigentes, que nosso cérebro lógico não capta, mas que em alguns momentos irrompem e se deixam sentir.[24]

Assim, o objetivo da literatura "neofantástica", segundo Alazraki, mais que propor uma possível transgressão do real, seria revelar essa segunda realidade que se esconde atrás da cotidiana. Ampliar nossa visão do real. Poderíamos dizer que o verdadeiramente transgressor é que se outorgue a mesma validade e verossimilhança a ambas as ordens. As situações estabelecidas nesses textos são

> [...] metáforas que buscam expressar vislumbres, entrevisões ou interstícios de sem-razão que escapam ou resistem à linguagem da comunicação, que não cabem nas células construídas pela razão, que vão a contrapelo do sistema conceptual ou científico com que lidamos diariamente.[25]

O problema dessas situações – perfeitamente ilustrado pela narrativa de Kafka – é que seu sen-

---
24 González Bermejo, *Conversaciones con Cortázar*, p.42.
25 Alazraki, ¿Qué es lo neofantástico?, op. cit., p.277.

tido metafórico nos escapa.[26] O paradoxal é que não haveria outra forma de aludir a essa segunda realidade que resiste a ser nomeada pela linguagem ordinária.

A definição que Alazraki dá para o neofantástico está diretamente relacionada, a meu ver, com a visão que a filosofia e a ciência contemporâneas têm da realidade como uma entidade indecifrável. Vivemos em um universo incerto, em que não há verdades gerais, pontos fixos a partir dos quais confrontar o real. Isso supõe abolir a concepção positivista que se tinha no século XIX, da realidade como uma entidade imutável e ordenada. Porque já não há como compreender, como captar o que é a realidade. Portanto, se não sabemos o que é a realidade, como podemos nos propor a transgredi-la? Mais ainda, se não há uma visão unívoca da realidade, tudo é possível, de modo que também não haveria possibilidade de transgressão.

Mas, apesar dessa nova concepção filosófica, nossa experiência da realidade continua nos dizendo que os seres humanos não se transformam em insetos nem vomitam coelhinhos vivos (como acontece com o protagonista de "Carta a uma senhorita em Paris", de Cortázar). Por mais que os narradores e personagens dessas narrativas não se espantem e não se perguntem as causas de suas experiências inquietantes, não resta dúvida de que, para o leitor, que apesar de tudo se reconhece no

---

26 Utilizando as palavras de Saúl Yurkievich para descrever o fantástico cortazariano, tratar-se-ia de "fissuras do normal/natural que permitem a percepção de dimensões ocultas, mas não sua intelecção" (*Julio Cortázar: mundos y modos*, p.27).

mundo representado nesses textos, está se produzindo uma transgressão de sua concepção do real. Como adverte com muita lucidez Susana Reisz, o fato de

> [...] que a transformação de Gregor Samsa em inseto seja apresentada pelo narrador e assumida pelos personagens sem questionamento é sentido pelo receptor como outro dos *impossíveis* da história, embora de ordem diversa da metamorfose em si. Como a metamorfose constitui uma transgressão das leis naturais, o não questionamento dessa transgressão é sentido por sua vez como uma transgressão das leis psíquicas e sociais que, junto com as naturais, fazem parte da nossa noção de realidade.[27]

Sem esquecer que a transformação de Gregor Samsa, apesar da comentada falta geral de espanto, é proposta como uma exceção, condição básica do tratamento do sobrenatural em toda narrativa fantástica. Tal como ressalta Cortázar, "só a alteração momentânea dentro da regularidade delata o fantástico, mas é necessário que o excepcional passe a ser também a regra sem deslocar as estruturas ordinárias entre as quais se inseriu".[28] Não tem que ser um simples relance momentâneo, e sim permanecer, inserir-se na realidade.[29]

---

27 Reisz, Las ficciones fantásticas y sus relaciones con otros tipos ficcionales, op. cit., p.218.
28 Cortázar, Del cuento breve y sus alrededores. In: _____, *Último round*, p.53.
29 O exemplo que Cortázar dá é perfeito: "Descobrir em uma nuvem o perfil de Beethoven seria inquietante se durasse dez segundos antes de se desfazer e se transformar em fragata

Podemos dizer, portanto, que possuímos uma concepção do real que, embora possa ser falsa, é compartilhada por todos os indivíduos (trata-se, como eu disse antes, de uma construção cultural) e nos permite, em última instância, identificar o conflito entre o ordinário e o extraordinário que define o gênero fantástico.

Assim, tanto o conto fantástico "tradicional" quanto o "neofantástico" têm um mesmo efeito, ainda que expresso por meios diferentes: transgredir nossa percepção do real. Afinal, como adverte Teodosio Fernández,

> [...] a aparição do fantástico não tem por que residir na alteração por elementos estranhos de um mundo ordenado pelas leis rigorosas da razão e da ciência. Basta que se produza uma alteração do reconhecível, da ordem ou desordem familiares. Basta a suspeita de que outra ordem secreta (ou outra desordem) possa colocar em perigo a precária estabilidade da nossa visão do mundo.[30]

Pensemos, por exemplo, na utilização que se faz do recurso da metaficção em alguns contos fantásticos contemporâneos. Um bom exemplo disso é "Continuidade dos parques", de Cortázar. Nesse brevíssimo conto, o narrador constrói uma realidade ordinária feita de atos cotidianos e aparente-

---

ou pomba; seu *caráter fantástico* só se afirmaria caso o perfil de Beethoven continuasse ali enquanto o resto das nuvens seguisse com sua desintencional desordem sempiterna" (Del cuento breve y sus alrededores, op. cit., p.53; grifo meu).

30 Fernández, Lo real maravilloso de América y la literatura fantástica. In: Roas, *Teorías de lo fantástico*, p.296-7.

mente sem importância: um homem chega em casa, se aconchega no sofá preferido e começa a ler um romance em que se narra a história de um casal de amantes que planejam a morte do marido dela. O que surpreende nesse conto magistral de Cortázar é que essa realidade cotidiana acaba sendo invadida pela esfera do mundo da ficção: na última cena, o protagonista é assassinado por um dos personagens do romance que está lendo. O efeito fantástico surge dessa metalepse, dessa intersecção entre duas ordens inconciliáveis, entre as quais, aparentemente, não existe continuidade possível. Daí o sentido do título.

E é tal a confusão que o conto de Cortázar gera que, quando o leitor termina de ler, acaba olhando para trás por cima do ombro, por via das dúvidas. Em última instância, o que essa intersecção de níveis de ficção põe em suspenso é nossa própria realidade.

Assim, é fundamental colocar em contato o mundo intratextual e o mundo extratextual – o horizonte sociocultural do leitor – ao nos depararmos com ficções fantásticas,

> [...] já que elas se sustentam no questionamento da própria noção de realidade e tematizam, de modo muito mais radical e direto que as demais ficções literárias, o caráter ilusório de todas as "evidências", de todas as "verdades" transmitidas em que o homem de nossa época e de nossa cultura se apoia para elaborar um modelo interior do mundo e situar-se nele.[31]

---

31 Reisz, Las ficciones fantásticas y sus relaciones con otros tipos ficcionales, op. cit., p.194. Ana María Barrenechea manifesta uma opinião semelhante quando afirma que "não se pode escrever contos fantásticos sem contar com um quadro de referência que delimite o que é que ocorre ou não ocorre

Gênero transgressor em todos os níveis, a intenção última de todo texto fantástico, seu efeito fundamental e distintivo, é provocar a dúvida do leitor sobre a realidade e sobre sua própria identidade.

---

em uma situação histórico-social. Esse quadro de referência está dado ao leitor por certas áreas da cultura de sua época e pelo que ele sabe de outros tempos e espaços que não os seus (contexto extratextual). Mas, além disso, sofre uma elaboração especial em cada obra porque o autor – apoiado também no quadro de referência específico das tradições do gênero – inventa e combina, criando as regras que regem os mundos imaginários que propõe (contexto intratextual)" (La literatura fantástica: función de los códigos socioculturales en la constitución de un género. In: _____, *El espacio crítico en el discurso literario*, p.45).

4.
Rumo a uma teoria sobre o medo e o fantástico

O fantástico é uma categoria que nos apresenta, como sabemos, fenômenos, situações, que supõem uma transgressão de nossa concepção do real, já que se trata de fenômenos impossíveis, inexplicáveis a partir de tal concepção. E para que essa dimensão fantástica se faça perceptível, tais fenômenos – não é preciso insistir nisso – devem aparecer em um mundo semelhante ao nosso: isso permite trazer à tona o contraste, a perturbação que tais fenômenos estabelecem.[1]

Essa transgressão do real é, então, um efeito fundamental do fantástico. Mas, antes de continuar, convém expor brevemente a ideia de realidade com que estou lidando. A esta altura já se pode dizer que somos todos pós-modernos (inclusive os derridianos) e que, por isso, não temos muita dificuldade

---
[1] Pode-se ver uma definição mais ampla do fantástico em "A ameaça do fantástico" (p.29-74) e no ensaio do capítulo anterior.

em aceitar que a realidade é uma categoria incerta, uma entidade indecifrável para a qual já não existem visões e explicações unívocas.

Mas, por outro lado, não há dúvida de que, quando falamos do real, pensamos em um referente determinado. Para além de definições ontológicas, as "regularidades" que formam nossa vida diária nos levaram a estabelecer expectativas em relação ao real, e sobre elas construímos uma convenção aceita tacitamente por toda a sociedade. O escritor Alejandro Rossi expressa muito bem essa ideia:[2]

> Nossos movimentos habituais implicam, com efeito, determinadas convicções. Contamos com a existência do mundo externo quando sentamos numa cadeira, quando repousamos num colchão, quando bebemos um copo d'água. [...] Confiamos, além disso, que as coisas conservam suas propriedades. Não nos surpreendemos com o fato de que o quarto, na manhã seguinte, mantenha as mesmas dimensões, que as paredes não tenham caído, que o relógio atrase e o café seja amargo. Comprovar que a rua é idêntica produz uma alegria medíocre. A contemplação do mundo como um milagre permanente é um estado passageiro ou uma vocação religiosa. Todos somos um pouco nervosos, mas o terror de que o teto desabe ou de que o piso afunde não é contínuo; agradecemos pela vida, ainda que não todo dia e toda hora. A biologia fala sobre mutações genéticas e, no entanto, são poucas as pessoas que consideram

---

[2] Essa noção de "regularidade" permite evitar conceitos como ordem, razão, lei etc., que muitas vezes têm certo ranço positivista, oitocentista.

uma vitória não terem se convertido, durante a noite, num escaravelho ou numa lagarta. Gregor Samsa – repetimos uma e outra vez – deve ser uma exceção. [...] A rotina diária também conta com a regularidade dos ciclos. [...] Um amigo que depois de vinte anos mantivesse as mesmas características físicas, como se o processo houvesse se detido, não causaria admiração, e sim espanto.[3]

Ao que Rossi acrescenta, como conclusão de seu artigo:

Acreditar no mundo externo, na existência do próximo, em certas regularidades, acreditar que de algum modo somos únicos, confiar em determinadas informações, corresponde muito menos a uma sabedoria adquirida ou a um conjunto de conhecimentos do que àquilo que Santayana chamava de fé animal, aquela que nos orienta sem demonstrações ou raciocínios, aquela que, sem garantir nada, nos separa da demência e nos restitui à vida.[4]

Assim, essas regularidades, essas "certezas pré-construídas",[5] dão lugar à nossa concepção do real, e a partir dela estabelecemos, codificamos, o possível e o impossível, o normal e o anormal.[6] Traçamos

---

3 Rossi, Confiar. In: _____, *Manual del distraído*, p.34-5.
4 Ibid., p.36-7.
5 Sánchez, Pánico en la escena. Miedo real y miedo representado. In: Domínguez (org.), *Los dominios del miedo*, p.308.
6 Gary Zukav, falando sobre a Nova Física, vai mais longe e afirma que "o acesso ao mundo físico se dá através da experiência. O denominador comum de todas as experiências é o 'eu' que experimenta. Em poucas palavras, o que expe-

alguns limites que nos separam do desconhecido, do ameaçador, entre os quais vivemos mais ou menos confortáveis. Somos, ressalvando as distâncias, como Clinio Malabar, o protagonista de "A descoberta da circunferência", de Leopoldo Lugones, um louco que só consegue viver seguro dentro dos limites de uma circunferência que ele continuamente desenha a seu redor. Quando um dos médicos do manicômio em que ele está internado finalmente a apaga, Clinio morre de horror. Nós, como esse personagem, precisamos estreitar a realidade, delimitar nosso mundo para poder funcionar dentro dele.

O objetivo do fantástico é precisamente desestabilizar esses limites que nos dão segurança, problematizar essas convicções coletivas antes descritas, questionar, afinal, a validade dos sistemas de percepção da realidade comumente admitidos.[7] Como afirma Rosalba Campra, "a noção de fronteira, de limite intransponível para o ser humano, se apresenta como preliminar ao fantástico. Uma vez estabelecida a existência de dois estatutos de realidade, a atuação do fantástico consiste na transgressão desse limite".[8] Uma transgressão que ao

---

rimentamos não é a realidade externa, e sim nossa *interação com ela*" (citado por Nandorfy, La literatura fantástica y la representación de la realidad. In: Roas (org.), *Teorías de lo fantástico*, p.244, n.1).

7 Tudo isso conduz à necessária orientação pragmática dos estudos sobre o fantástico: não se pode produzir narrativas fantásticas sem contar com um quadro de referência extratextual – compartilhado pelo narrador e pelo leitor – que delimite o possível e o impossível. Sobre isso, ver o ensaio do capítulo anterior.

8 Campra, Lo fantástico: una isotopía de la transgresión. In: Roas (org.), *Teorías de lo fantástico*, p.161.

mesmo tempo provoca o estranhamento em relação à realidade, que deixa de ser familiar e se converte em algo incompreensível e, como tal, ameaçador.

E diretamente ligado a essa transgressão, a essa ameaça, aparece outro efeito fundamental do fantástico: o *medo*.

Para começar, devo dizer que esse é um termo problemático, sobretudo pela confusão que se produziu no uso comum entre termos amiúde considerados sinônimos: medo, terror, inquietude, angústia, apreensão, desconcerto ou "inquietante estranheza" (como se costuma traduzir o *unheimliche* freudiano).[9] Um problema terminológico de difícil solução se levarmos em conta que, além disso, tem a ver com o modo de classificar uma impressão, uma sensação, algo em que intervém também o puramente subjetivo.

Confusões terminológicas à parte, o que vou tentar demonstrar nas páginas que se seguem é que o fantástico gera sempre uma impressão ameaçadora no leitor, impressão que, por comodidade, chamarei de "medo", embora reconheça de antemão que talvez não seja o termo mais adequado

---

[9] Uma confusão que, no entanto, não se produz na psiquiatria. Como destaca Delumeau, "O temor, o espanto, o pavor, o terror, pertencem mais ao medo; a inquietude, a ansiedade, a melancolia, pertencem mais à angústia. O primeiro leva ao conhecido; a segunda, ao desconhecido. O medo tem um objeto determinado que se pode enfrentar. A angústia não tem, sendo vivida como uma espera dolorosa diante de um perigo tanto mais temível quanto menos esteja claramente identificado: é um sentimento geral de insegurança. Por isso é mais difícil de suportar que o medo" (*El miedo en Occidente*, p.31).

para denominar esse efeito, sobretudo por suas conotações claramente ligadas à ameaça física.[10]

A primeira pergunta que devemos fazer, então, é por que o fantástico dá medo. Para exemplificar, recorro a um filme excelente: *Intermediário do diabo* (*The Changeling*, 1979), dirigido por Peter Medak. A história gira em torno do tema da casa encantada pelo fantasma de uma pessoa (um menino) que teria morrido ali muitos anos antes, ainda que isso só se revele depois de a trama estar bem avançada. O fascinante no filme é que, embora conte com uma grande quantidade de cenas aterrorizantes, ele evita recorrer à sempre apelativa presença de monstros, seres espantosos ou sustos previsíveis. A atmosfera opressiva que banha toda a história é construída por meio de barulhos inexplicáveis, objetos que se movem sem razão e pouco mais que isso... Entre todas as cenas, há uma difícil de esquecer. O protagonista (magistralmente interpretado por George C. Scott) está trabalhando em seu escritório e escuta ruídos vindos da escada (é preciso observar que o personagem sabe que não tem mais ninguém na casa e que a esta altura do filme já foi testemunha de alguns fenômenos *poltergeists*). Ele, então, vai para o corredor e vê que o ruído é provocado por uma bolinha rolando pela escada. O protagonista pega a bolinha, sai da casa, sobe em seu carro e se distancia. Pouco depois, ao atravessar uma ponte,

---

10 Algumas das ideias desenvolvidas neste texto estão esboçadas em Roas, El género fantástico y el miedo. In: Roas (org.), *Lo fantástico: literatura y subversión*, edição monográfica da revista *Quimera*, n.218-219, jul.-ago. 2002.

joga a bolinha no rio. Em seguida, volta para casa. Ao entrar, vê a bolinha rolando de novo pela escada... molhada.

Não sei se minha narração fez justiça à cena, mas acho que, ao vê-la, não há ninguém capaz de conter um calafrio. Por que essa "simples" bolinha produz esse efeito? Insisto que poderia ter escolhido um exemplo muito mais apelativo, em que apareceriam criaturas assombrosas e ameaçadoras, mas preferi evitar toda a presença do que poderíamos chamar de "medo físico" (aquele em que a integridade física do personagem se vê afetada, e isso se transfere emocionalmente ao leitor ou ao espectador). A cena que escolhi em *Intermediário do diabo* é muito menos espetacular que o ataque de um vampiro ou, pior ainda, do Cthulhu de Lovecraft. Mas também dá medo. E isso porque o que se narra escapa de qualquer explicação. Afirmar que a causa é o fantasma do menino morto também não explica nada, já que isso também vai além de nossa ideia do real. Mas o problema essencial é que a bolinha é uma coisa que está ali, diante dos olhos do personagem (e diante dos nossos).

Haverá quem pense que escolher um exemplo extraído de um filme explicitamente de terror é arriscar pouco. Passemos então a um exemplo muito mais inocente (aparentemente), oferecido por Julio Cortázar:

> Descobrir em uma nuvem o perfil de Beethoven seria inquietante se durasse dez segundos antes de se desfazer e se transformar em fragata ou pomba; seu *caráter fantástico* só se afirmaria caso o perfil de Beetho-

ven continuasse ali enquanto o resto das nuvens seguisse com sua desintencional desordem sempiterna.[11]

Não há dúvida de que essa imagem, como afirma o próprio Cortázar, é um pouco mais inquietante. É *fantástica*. O que acontece é que, nesse caso, o medo – a impressão negativa e ameaçadora – é gerado por outros meios. Mas a ideia comunicada é semelhante à que se estabelece no filme: o fenômeno altera nossa concepção do real. E isso tem um inegável poder assustador.

Assim, a narrativa fantástica nos situa inicialmente dentro dos limites do mundo que conhecemos, do mundo que (digamos assim) controlamos, para logo rompê-lo com um fenômeno que altera a maneira natural e habitual como as coisas ocorrem nesse espaço cotidiano. E isso converte tal fenômeno em impossível, e, como tal, em inexplicável, incompreensível. Em outras palavras, o fenômeno fantástico supõe uma alteração do mundo familiar do leitor, uma transgressão dessas regularidades tranquilizadoras às quais eu me referi antes.[12] O fantástico nos faz perder o pé em relação ao real. E, diante disso, não cabe outra reação senão o medo:

---

[11] Cortázar, Del cuento breve y sus alrededores. In: _____, *Último round*, p.53.

[12] Como afirmou Susana Reisz, as ficções fantásticas "se sustentam no questionamento da própria noção de realidade e tematizam, de modo muito mais radical e direto que as demais ficções literárias, o caráter ilusório de todas as 'evidências', de todas as 'verdades' transmitidas em que o homem de nossa época e de nossa cultura se apoia para elaborar um modelo interior do mundo e situar-se nele" (Las ficciones fantásticas y sus relaciones con otros tipos ficcionales. In: Roas (org.), *Teorías de lo fantástico*, p.194).

[...] o *inimaginável* gera uma emoção particular que, longe de conter até mesmo uma mensagem mínima, provoca o que Hubert Juin caracteriza como "calafrio fantástico" e remete – no mundo do cotidiano – a um encontro com a angústia e com o medo. A angústia na iminência de um possível perigo e o medo do desconhecido – como sublinha Lovecraft (*El horror sobrenatural en la literatura* [*O horror sobrenatural em literatura*], Madrid, Alianza, 1984), sensações que remeteriam às angústias e aos medos dos homens primitivos diante de situações incompreensíveis como a doença e a morte. Essa angústia reatualiza, talvez, esses medos arcaicos por meio da confrontação intelectual e/ou visceral com um lugar, uma situação, uma figura, uma "coisa", que escapa ao jogo do entendimento, do saber, do conhecido.[13]

Mas nem todos os teóricos do fantástico têm a mesma opinião sobre esse assunto. Embora a maioria (eu incluso) concorde com essa definição do fantástico como uma ruptura inexplicável do universo cotidiano, as opiniões sobre a relação entre o fantástico e o medo são muito mais variadas e divergentes. Resumindo rapidamente, há os que pensam que o medo está sempre presente no fantástico (Lovecraft, Penzoldt, Caillois, Bessière ou Jackson), enquanto outros, como Todorov, negam que o medo seja uma condição necessária do fantástico, o que os leva a rejeitá-lo como critério definitivo do gêne-

---

13 Bozzetto, El sentimiento de lo fantástico y sus efectos. In: Roas (org.), *Lo fantástico: literatura y subversión*, edição monográfica da revista *Quimera*, n. 218-219, jul.-ago. 2002, p.36-7.

ro. Essa é também a opinião de Finné, Baronian ou Belevan, para citar alguns nomes bem conhecidos.[14]

Essa rejeição postulada por Todorov se baseia em um fato certo e comprovado: o medo não é um elemento exclusivo do fantástico. Aparece em muitos outros gêneros literários e cinematográficos, como, por exemplo, naquele que, na falta de nome melhor, podemos chamar de "história de terror": narrativas cujo objetivo fundamental é provocar o medo do leitor ou do espectador por meios naturais (isto é, onde não se vê implicado nenhum elemento sobrenatural, fantástico). Essa categoria inclui, e o mundo do cinema oferece exemplos bem conhecidos, o *thriller*, as histórias sobre psicopatas,[15] sobre catástrofes naturais, sobre ataques de animais (formigas, aranhas, morcegos, tubarões, dinossauros etc.), ou aquelas histórias aparentemente sobrenaturais, articuladas por meio de contínuos sobressaltos, cujo desenlace as leva ao terreno do puramente racional, como acontecia nos romances góticos ao estilo de Ann Radcliffe (estou pensando, por exemplo, em filmes como *A casa dos maus espíritos*).

---

14 Para os ensaios citados, consultar as referências bibliográficas ao final do livro.
15 Por vezes, o *serial killer* é considerado uma figura fantástica, sobretudo por sua absoluta falta de moralidade, sua maldade inefável, seu desprezo (e ódio) pela vida humana, características que o distanciariam do humano. Mas a transgressão provocada por esse tipo de história se atém ao puramente moral e psicanalítico. Sem esquecer um aspecto fundamental: o *serial killer* é uma figura tomada da realidade: por mais incompreensível que seja sua perversidade (e a ameaça física que isso acarreta), o leitor sabe que essa figura é real, possível.

Assim, como eu dizia, o medo não é exclusivo do fantástico. Mas minha intenção aqui não é definir o fantástico em função do medo. Meu objetivo é demonstrar que o medo – contradizendo Todorov (e outros críticos) – é uma condição necessária do gênero, por ser seu efeito fundamental, produto da transgressão de nossa concepção do real sobre a qual venho insistindo.

A presença ou a (suposta) ausência do medo serviu também a Alazraki e outros teóricos para distinguir o que eles consideram dois gêneros diferentes: o fantástico e o neofantástico.[16] Como o leitor há de lembrar, Alazraki[17] considera o fantástico um gênero próprio do século XIX (por vezes, até chega a chamá-lo de "fantástico tradicional"), cujo efeito característico é o medo, o terror. O neofantástico, pelo contrário, um gênero que teria nascido com Kafka, gera perplexidade e inquietude, mas simplesmente "pelo insólito das situações narradas". Não que sua intenção essencial seja gerar essa inquietude e essa perplexidade mencionadas (algo que se produz no puro nível do argumento), mas as narrativas neofantásticas são,

> em sua maioria, metáforas que buscam expressar vislumbres, entrevisões ou interstícios de sem-razão que escapam ou resistem à linguagem da comunicação, que não cabem nas células construídas pela

---

16 Ver Alazraki, ¿Qué es lo neofantástico? In: Roas (org.), *Teorías de lo fantástico*, p.265-82. Pode-se ver uma revisão das ideias de Alazraki em "A ameaça do fantástico" (p.29-74) e em "Contexto sociocultural e efeito fantástico: um binômio inseparável" (p.109-30).

17 Alazraki, ¿Qué es lo neofantástico?, op. cit., p.277.

razão, que vão a contrapelo do sistema conceptual ou científico com que lidamos diariamente.[18]

Para estabelecer essa distinção entre o fantástico e o neofantástico, Alazraki parte de outro aspecto essencial que também tem muito a ver com o efeito sobre o leitor: a diferente concepção do real que se evidencia em ambos os "gêneros". Assim, parafraseando Caillois, Alazraki afirma que o "fantástico tradicional" assume a solidez do mundo real para "poder melhor devastá-lo": ou seja, supõe uma transgressão da concepção positivista do mundo como algo estável, o que se traduz em um efeito aterrorizante. As narrativas neofantásticas, pelo contrário, se apoiam em uma nova concepção do real (reflexo das mudanças decisivas que se produziram na ciência e na filosofia do século XX), uma visão da realidade como uma entidade instável, cheia de buracos (como sugere Johnny Carter em "O perseguidor", de Cortázar),[19] uma realidade em que, nas

---

18 Ibid.
19 Assim expressa Carter no conto citado: "Eu, um pobre diabo com mais pestes que o demônio debaixo da pele, tinha consciência suficiente para sentir que tudo era como uma geleia, que tudo tremia em volta, que só precisava prestar um pouco de atenção para descobrir os buracos. Na porta, na cama: buracos. Na mão, no jornal, no tempo, no ar; tudo cheio de buracos, tudo esponja, tudo como um coador coando a si mesmo... Mas eles eram a ciência americana, entende, Bruno? O avental os protegia dos buracos; eles não viam nada, aceitavam o já visto por outros, imaginavam que estavam vendo. E naturalmente não conseguiam ver os buracos, e estavam muito seguros de si mesmos, muitíssimo convictos de suas receitas, suas seringas, sua maldita psicanálise, seus não fume e não beba" (El perseguidor, p.173).

palavras de Borges, existem "interstícios de sem-razão". Desse modo, os temas, as imagens, as situações que povoam o neofantástico foram criados não para provocar medo, mas fundamentalmente para expressar essa "segunda realidade" de que Cortázar fala tantas vezes.

Disso podemos deduzir que o neofantástico não estabeleceria nenhuma transgressão do real: como transgredir algo que é postulado como instável e confuso? Pelo contrário, o neofantástico supõe a ampliação do nosso conceito de realidade, nos mostra, nas palavras de Marta Nandorfy,[20] uma "realidade enriquecida pela diferença". E isso outorga ao neofantástico não apenas uma dimensão que poderíamos chamar de "alegórica", mas também um valor claramente positivo que estaria ausente no fantástico (que sempre é avaliado em termos negativos). Claro que, arremedando Paul de Man, poderíamos dizer que, dada a inevitável e consubstancial *retoricidade* da linguagem, toda leitura é alegórica, com o qual automaticamente estaria eliminada essa peculiaridade do neofantástico... Mas prefiro não me meter nos intrincados becos da Desconstrução.

Da mesma maneira, como bem observou Ana María Morales, não se pode esquecer que essa visão privilegiada da realidade também foi reivindicada pelos escritores românticos e pelos primeiros teóricos do fantástico, como Charles Nodier. Mas isso é algo que Alazraki se priva muito de comentar, uma vez que, como também adverte Ana Morales, seu raciocínio só procura diferenças, e não

---

20 Nandorfy, La literatura fantástica y la representación de la realidade, op. cit., p.261.

coincidências entre o fantástico do século XIX e o neofantástico.

Mas voltemos à suposta dimensão metafórica, alegórica, do neofantástico (Alazraki fala explicitamente de "metáforas epistemológicas"). Tal concepção se deve a que, como destaca o teórico argentino, a "segunda realidade" não pode ser expressa de forma literal, não pode ser nomeada com a linguagem ordinária e, portanto, é necessário empregar metáforas que permitam de algum modo *intuí-la*. Isso justificaria, por exemplo, o sentido às vezes esquivo das narrativas e dos temas empregados por Cortázar, como os críticos concordam em assinalar.[21]

O problema dessa concepção metafórica é que ela condena o fantástico "tradicional" ao puro plano da literalidade (como afirma o próprio Alazraki).[22] Como entender essa literalidade? Se aplicamos esse raciocínio, nada nos impede de concluir que um sujeito que vomita coelhinhos (como acontece em "Carta a uma senhorita em Paris", de Cortázar) não é na verdade um sujeito que vomita coelhinhos, mas uma intuição metafórica da inexpressável "segunda realidade"; ao passo que um vampiro ficaria reduzido a ser simplesmente isso, um monstro sanguessuga, ainda que se reconheça seu valor transgressor do real, já que se trata de uma criatura

---

21 Assim coloca, por exemplo, Yurkievich: Cortázar "representa o fantástico psicológico, ou seja, a irrupção/erupção das forças estranhas na ordem das afetações e efetuações admitidas como reais, as perturbações, as fissuras do normal/natural que permitem a percepção de dimensões ocultas, mas não sua intelecção" (*Julio Cortázar: Mundos y modos*, p. 27).
22 Alazraki, ¿Qué es lo neofantástico?, op. cit., p.279.

impossível. Mas por que uma história de vampiros (ou sobre o duplo ou qualquer outro tema fantástico "tradicional") não poderia ser lida metaforicamente? Por que não pode ser mais uma forma de intuir essa *outra* realidade?

Acho que o problema se deve, em boa medida, ao fato de Alazraki reduzir (como também faz Cortázar) o fantástico do século XIX a uma das diversas variantes cultivadas nessa época, a que poderíamos chamar de "gótico-aterrorizante", onde tudo se destina a provocar o medo físico dos personagens e do leitor (ainda que sem esquecer, isso sim, a dimensão transgressora dos fatos narrados). Uma concepção que se reflete claramente na seguinte definição do fantástico "tradicional" que Cortázar nos proporciona: segundo ele, trata-se de "um fantástico pré-fabricado [...] em que se inventa toda uma aparelhagem de fantasmas, aparições, toda uma máquina de terror que se opõe às leis naturais, que influi no destino dos personagens. Não, claro, o fantástico moderno é muito diferente".[23] Um fantástico moderno que o escritor argentino define assim: "Para mim, o fantástico é algo muito simples, que pode acontecer em plena realidade cotidiana, neste meio-dia de sol, agora entre você e eu, ou no metrô, enquanto você vinha para esta entrevista".[24]

Claro que isso leva à pergunta sobre onde estão ambientados os contos de Hoffman, Poe, Maupassant, James ou Lovecraft. Em mundos distantes e

---

23 Citado em Prego, *La fascinación de las palabras: conversaciones con Julio Cortázar*, p. 154.
24 Citado em González Bermejo, *Conversaciones con Cortázar*, p. 42.

exóticos? Ou em uma cotidianidade em que o leitor se reconhece e que se vê assaltada pelo impossível?

O que Cortázar de fato expõe é uma visão reducionista do gênero (subscrita também por Alazraki) que não faz justiça a toda a literatura fantástica do século XIX, pois, como eu disse, identifica apenas uma de suas manifestações: a que se sustenta no monstruoso, no horripilante e no macabro. Uma definição em que evidentemente não se encaixam muitos dos contos de Hoffman, Gautier ou Maupassant, para citar três autores de períodos diferentes que se distanciam voluntariamente do gótico-aterrorizante para explorar um fantástico cada vez mais cotidiano e menos "espetacular", depurado de todos os excessos próprios da literatura gótica.

Também deveríamos nos perguntar, em relação a essas (supostas) diferenças entre o fantástico e neofantástico, por que muitas das narrativas do século XIX continuam surtindo efeito no leitor atual, quando, ao que parece, já não compartilhamos uma mesma concepção do real. Embora eu não tenha certeza de que as coisas mudaram de forma tão radical: realmente todo leitor sente como sua essa concepção do real como algo instável ou, pelo contrário, continuamos nos acolhendo – consciente ou inconscientemente – em uma visão de mundo marcada por uma lógica não tão diferente da lógica do século XIX? Remeto de novo às "regularidades" sobre as quais falava Rossi.

Como Lovecraft já havia advertido, com seu particular e hiperbólico estilo,

> O conto verdadeiramente preternatural [isto é, fantástico] tem algo mais que os habituais assassina-

tos secretos, ossos ensanguentados ou figuras envoltas em mortalhas ou carregando correntes sibilantes. Deve conter certa atmosfera de um intenso e inexplicável pavor contra forças exteriores e desconhecidas, e a desconfiança expressa com uma seriedade e uma sensação de presságio que vão se convertendo no motivo principal de uma ideia terrível para o cérebro humano: a de uma suspensão ou transgressão maligna e particular das leis fixas da Natureza que são nossa única salvaguarda contra os ataques do caos e dos demônios dos espaços insondáveis.[25]

O certo é que (e a meu ver esta é a principal diferença) os *recursos* para *objetivar o impossível* têm variado com o tempo (ainda que não de forma tão radical quanto poderia parecer: pensemos, por exemplo, na persistência do tema do duplo, tão comum em Borges, Cortázar ou Calvino). E não só porque se produziram essas modificações na concepção do real, mas por uma questão puramente literária: o fantástico é um gênero e, portanto, está marcado por convenções que todo autor e leitor devem conhecer. O problema do fantástico é que, quando essas convenções se automatizam (utilizando a expressão cunhada pelos formalistas russos), o argumento ou a trama se tornam previsíveis e, com isso, deixam de cativar o leitor. A história do fantástico é uma história marcada pela necessidade de surpreender um leitor que conhece cada vez melhor o gênero (e, com a chegada do cinema, muito mais), o que obriga os escritores a afinar o engenho para chegar a situações e temas insólitos

---

25 Lovecraft, *El horror sobrenatural en la literatura*, p.10-1.

que rompam as expectativas. O cinema de terror[26] é um exemplo perfeito desse mau envelhecimento de muitos dos recursos do fantástico. Já pude testemunhar os risos de alguns dos meus alunos diante do pobre *Nosferatu*. Acostumados a certos temas e recursos formais atuais, as limitações técnicas e a *performance*, digamos, "histriônica" dos atores (própria, por outro lado, do cinema mudo) provocam um distanciamento crítico – não previsto pela obra – que pode tornar cômicas algumas imagens que, para os espectadores da época, foram assustadoras. Ainda que a figura do vampiro continue sendo transgressora (por não perder sua natureza impossível), seu efeito sobre o espectador é atenuado à medida que vão se tornando obsoletos os recursos formais empregados para representá-la.

Susana Reisz, em seu artigo "En compañía de dinosaurios" [Na companhia de dinossauros], de 2002, relata um desespero semelhante diante de seus alunos. Conta que, por mais que insistisse em destacar em suas aulas o efeito perturbador de "O dinossauro", de Monterroso, ou dos contos de Borges, nada – como ela diz – alterava a placidez de seu público. Mesmo os contos de Cortázar, mais bem acolhidos pelos alunos, não geravam os resultados que ela previa. E isso leva Susana Reisz a concluir que o "estremecimento", que ela considera próprio do fantástico, nunca está garantido. E a propor duas

---

[26] A terminologia cinematográfica em relação ao fantástico e ao terror também merece uma revisão, já que, além de existir certa vaguidade nos limites entre gêneros como o *horror movie*, o filme fantástico e até a ficção científica (onde situar, por exemplo, *Alien*?), tais classificações têm pouco a ver com as que estabelecemos na literatura.

possíveis razões para isso (ainda que não se incline por nenhuma das duas, limitando-se a anunciá-las): por um lado, o "sangue frio" do receptor, que pode mudar de um leitor a outro (aqui ela zomba, acredito eu, do comentário irônico feito por Todorov para negar que o medo fosse uma condição necessária do fantástico);[27] e, por outro lado, Reisz afirma que talvez tudo se deva ao fato de o território do fantástico e seus efeitos sobre o leitor serem tão pouco estáveis quanto nossa vida interior e nossa visão de mundo.

Isso pode ser verdade, mas o que também é inegável é que muitas narrativas fantásticas do século XIX, como eu dizia, continuam nos inquietando. E é assim porque mostram a fragilidade do conhecimento humano, porque são capazes de ir além das aparências, de assomar ao outro lado do espelho... E não é isso o que propõem também as narrativas neofantásticas? Isso não implica, é claro, que o façam com os mesmos meios. Embora seja inegável

---

27 Como bom estruturalista, Todorov propõe um modelo imanente, um modelo que permita definir o fantástico a partir do interior do texto e que, sobretudo, tenha uma validade geral. Com isso quer evitar, entre outras coisas, que a "fantasticidade" de uma narrativa dependa da reação do receptor, porque nesse caso o critério do fantástico se situaria fora do texto, na experiência pessoal de cada indivíduo que se aproximasse da obra. Mas Todorov não leva em conta que não existem leitores isolados, autônomos, e sim que estamos todos imersos em um contexto sociocultural que nos condiciona em múltiplos aspectos. No que se refere estritamente ao problema que estamos estudando, é evidente que todos compartilhamos uma ideia do real, do possível, e essa ideia é a que nos permite avaliar e compreender o fantástico, e não o simples sangue-frio que um leitor possa mostrar (ou não) diante de um determinado texto.

que os medos básicos do ser humano continuam presentes ali (a morte, o desconhecido, o impossível), com o passar do tempo foi se tornando necessário empregar novos recursos, técnicas diferentes, mais sutis, para comunicá-los, despertá-los ou reativá-los, e, com isso, causar a inquietude do leitor.

Rosalba Campra, por exemplo, demonstrou em vários de seus ensaios como a narrativa fantástica, uma vez esgotados os recursos mais tradicionais, evoluiu em direção a novas formas de expressar essa transgressão que a define: assim, muitos autores do século XX (e do pouco tempo que passou do XXI) optaram por representar essa transgressão por meio da ruptura na organização de conteúdos, ou seja, no nível sintático. Poderíamos dizer que nesse tipo de narrativa já não é tão necessária a aparição de um fenômeno sobrenatural (no sentido mais tradicional), porque a transgressão é gerada através da irresolúvel falta de nexos entre os diferentes elementos do real. Mas é evidente que esses textos não põem em questão simplesmente a sintaxe narrativa (o que suporia ampliar a categoria do fantástico a textos, por exemplo, absurdos e surrealistas, e a própria Rosalba demonstra que não é assim),[28] fazendo com que sua dimensão transgres-

---

28 "O estranhamento fantástico é resultado de uma greta na realidade, um vazio inesperado que se manifesta na falta de coesão da narrativa no plano da causalidade. Acho que aqui se marca bem a linha de fronteira entre o fantástico e o absurdo, com o qual a literatura fantástica contemporânea tem tantos pontos em comum (além de certa coincidência cronológica), como ficará evidente ao leitor de Beckett, Ionesco ou Arrabal. Enquanto no absurdo a carência de causalidade e finalidade é uma condição intrínseca do real, no fantástico ela deriva de uma ruptura imprevista das leis que governam

sora vá muito além do textual. E isso se deve ao fato de que seu objetivo central continua sendo o mesmo: questionar, subverter nossa percepção do real.

Mas tudo o que estou expondo tem a ver apenas com o nível mais superficial do texto, com os recursos formais e temáticos empregados para expressar o fantástico. Recursos que, como antes mencionei, variam em função das mudanças na percepção do real e, também, não esqueçamos, em função da própria evolução do gênero.

Para tentar verter um pouco mais de luz sobre essa problemática toda acerca dos efeitos do fantástico, acho que pode ser útil introduzir uma distinção entre dois tipos de medo, que batizei como *medo físico ou emocional* e *medo metafísico ou intelectual*.

O *medo físico ou emocional* teria a ver com a ameaça física e a morte. É um efeito compartilhado pela maioria das narrativas fantásticas, pelo cinema de terror e por todas aquelas histórias, às quais me referi antes, em que se consegue gerar medo por meios puramente naturais. Trata-se de uma impressão experimentada pelos personagens que também é transmitida – emocionalmente – ao leitor ou espectador, e que é produto do que acontece no nível mais superficial, o nível das ações. Um exemplo

---

a realidade. No absurdo não há alternativa para ninguém; trata-se de uma certeza desoladora que não implica apenas o protagonista da história, mas todo ser humano. Daí também a dimensão marcadamente simbólica do personagem absurdo e, pelo contrário, a caracterização do herói fantástico como vítima de uma situação puramente ambiental" (Campra, Los silencios del texto en la literatura fantástica. In: Ventura (org.), *El relato fantástico en España e Hispanoamérica*, p. 56).

simples: um vampiro dá medo porque mata. Nesse nível, não faria nenhuma diferença se fosse um vampiro ou um *serial killer*, por exemplo.

Quanto a esse *medo físico ou emocional*, é necessário ressaltar que ele nem sempre está presente em todas as narrativas classificadas como neofantásticas. Como advertiram com razão Todorov e Alazraki, os personagens (e o narrador) dessas histórias não costumam manifestar medo ou espanto diante dos fenômenos impossíveis com os quais se confrontam. Não os questionam explicitamente. Essa falta de espanto foi considerada uma das características distintivas do neofantástico em comparação com o "fantástico tradicional", ainda que eu não possa deixar de ressalvar que essa ausência não é tão radical quanto propõe o teórico argentino.

Mas Todorov e Alazraki se esquecem de um aspecto essencial: a reação do leitor. Por menos que os personagens e o narrador se espantem diante do insólito da situação, o leitor não deixa de experimentar esse espanto,[29] uma vez que encara fenômenos impossíveis, fenômenos que estão além de sua concepção do real. E isso nos levaria ao segundo dos medos, o *metafísico*, ao qual me referirei mais adiante.

Voltando ao que dizia, embora o *medo físico* não esteja presente sempre no neofantástico, isso não significa que não possamos encontrar textos (mui-

---

29 Além disso, como observa Susana Reisz, "o não questionamento dessa transgressão é sentido por sua vez como uma transgressão das leis psíquicas e sociais que, junto com as naturais, fazem parte da nossa noção de realidade" (Las ficciones fantásticas y sus relaciones con otros tipos ficcionales, op. cit., p.218).

tos deles bem conhecidos) em que os personagens se assustam e se espantam pela presença do impossível. E não só isso; muitas narrativas neofantásticas costumam compartilhar com o fantástico "tradicional" uma mesma atmosfera de *fatalidade*. Com esse termo me refiro ao efeito catastrófico que o fenômeno impossível tem para o protagonista, muitas vezes conduzindo-o à morte ou ao transtorno absoluto (se não acaba enlouquecendo, torna-se evidente para ele que seu mundo não faz sentido). Um desfecho que, às vezes, os teóricos do neofantástico deixam de levar em conta, preocupados apenas em estabelecer diferenças em relação ao fantástico "tradicional". Em uma e outra variante do gênero brinca-se com esse desfecho catastrófico, como evidência final de que o impossível nunca pode ser assimilado, de que não conseguimos sobreviver fora dos limites que desenhamos (limites que, ao mesmo tempo, concebemos como opressores, paradoxo que de alguma forma explicaria a existência de um gênero como o fantástico).

A obra de Borges nos oferece alguns exemplos significativos. Pensemos no que acontece com o protagonista de "As ruínas circulares", que acaba descobrindo horrorizado que não existe, que não é real (é o sonho de outra pessoa); ou o caso de "Funes, o memorioso", condenado, depois de uma queda, a possuir uma memória prodigiosa que o obriga a lembrar tudo sem descanso. O que dizer de "Tlön, Uqbar, Orbis Tertius", cujo narrador-protagonista, na pós-data falsa que encerra o conto, nos comunica o horror ante a evidência de que um mundo inventado tenha começado a substituir o mundo real, ou ao menos o que o personagem – e o leitor – considera real (sem entrar aqui no significado metafórico do conto). Ou, para citar só mais dois exemplos borgeanos, lembremos as reações dos protagonistas (também narradores) de "O Aleph" e "O livro de areia", que, ao entrar em contato com o fenômeno fantástico, não apenas reagem com espanto e medo, mas também lhe dão valor negativo (assim, por exemplo, o protagonista de "O livro de areia" não duvida em classificar aquele livro infinito de "objeto de pesadelo, uma coisa obscena que inflamava e corrompia a realidade").[30] Mas a coisa não termina aí; os personagens (no melhor estilo do que acontece em muitos contos de Lovecraft)[31] decidem ocultar essas evidências do impossível e, com isso, proteger o resto dos humanos de uma revelação tão insólita: assim, o Borges-personagem de "O Aleph" não apenas não revela a ninguém a existência daquele Aleph, como sequer fica com pena quando ele desaparece na demolição da casa em que se encontrava; por sua vez, o protagonista de "O livro de areia", transtornado quase até a loucura e depois de se recusar a queimar aquele livro por temer que a combustão infinita que se produziria acabaria sufocando de fumaça o planeta inteiro, o esconde em uma biblioteca (o melhor lugar para perder um livro), tentando esquecer o lugar exato onde o deixou.

Na narrativa de Cortázar também podemos encontrar alguns exemplos muito reveladores: o protagonista de "Carta a uma senhorita de Paris"

---

30 Borges, El libro de arena. In: _____, *El libro de arena*, p.115.
31 Ver, por exemplo, "La llamada de Cthulhu" [O chamado de Cthulhu], "La música de Erich Zann" [A música de Erich Zann] ou "Las sombra fuera del tempo" [A sombra vinda do tempo].

se suicida como única solução ante um fenômeno impossível (vomitar coelhos vivos) que se tornou incontrolável; já Alina Reyes, em "Lejana" ["A distante"], acaba sendo suplantada pela mendiga com que sonhava (perdendo, portanto, sua identidade, sua vida). Outro exemplo interessante é "El ídolo de las Cícladas" ["O ídolo das Cíclades"], onde a figura do título se apodera da vontade dos personagens e os conduz ao crime (um tema, vale dizer, muito comum na história do gênero). A esses contos seria possível acrescentar "No se culpe a nadie" ["Ninguém tem culpa"], onde a rebelião de um suéter provoca, primeiro, o horror de seu dono e, em seguida, sua morte; ou, finalmente, "Casa tomada", cujos protagonistas são expulsos de seu lar, isto é, despojados de sua intimidade, da vida que até o momento levavam (e também prefiro não entrar em outros possíveis simbolismos).

Como fica demonstrado na obra de dois dos autores sempre citados como modelos do neofantástico, nem o medo físico, nem o desfecho catastrófico são exclusivos do fantástico "tradicional", já que também aparecem (ainda que não tão assiduamente, é verdade) nos textos contemporâneos.

Passemos ao segundo dos medos: o *medo metafísico ou intelectual*. Com esse termo me refiro ao medo que considero próprio e exclusivo do gênero fantástico (em todas as suas variantes), o qual, embora costume se manifestar nos personagens, envolve diretamente o leitor (ou o espectador), ao se produzir quando nossas convicções sobre o real deixam de funcionar, quando – como mencionei – perdemos o pé diante de um mundo que nos era familiar. Como alerta Rosalba Campra,

A natureza do fantástico [...] consiste em propor, de algum modo, um escândalo racional, na medida em que não há substituição de uma ordem por outra, e sim sobreposição. Daí nasce a conotação de periculosidade, a função de aniquilação – ou fissuramento, pelo menos – das certezas do leitor. O mundo fantástico pode ser tudo, menos consolador.[32]

O problema é que, para que essa "inquietude metafísica" atinja seu efeito, precisa por sua vez de uma forma que atraia e surpreenda o leitor, o que nos levaria de novo aos problemas provocados pelo esgotamento, pelo envelhecimento dos recursos formais e argumentais do fantástico.

Minha proposta sobre o *medo metafísico* permite superar as teses de Alazraki sobre os efeitos do fantástico e do neofantástico. Assim, diferentemente do que ele propõe, a inquietude gerada pelo neofantástico não seria simplesmente um efeito secundário (por baixo dessa metaforização de uma segunda realidade) gerado pelo insólito da situação narrada. Porque o *medo metafísico* está presente tanto no fantástico do século XIX quanto no (mal chamado) neofantástico, uma vez que toda narração fantástica (seja qual for sua forma) tem sempre um mesmo objetivo, a abolição de nossa concepção do real, e, produto disso, um mesmo efeito: inquietar o leitor.

Uma vez estabelecida a semelhança entre ambas as variantes, podemos examinar de novo a concepção positiva do neofantástico antes sugerida: se esse suposto novo gênero busca simplesmente am-

---

[32] Campra, Lo fantástico: una isotopía de la transgresión. In: Roas (org.), *Teorías de lo fantástico*, p.159-60.

pliar, enriquecer nossa percepção do real, por que os escritores escolhem o caminho do inquietante? Não se poderia expressar essa "alegoria", essa segunda realidade por outros meios? Penso, por exemplo, no surrealismo, cujo objetivo poderia ser expresso em termos semelhantes.

A eleição do caminho do inquietante demonstra, em detrimento do que diz Alazraki, que esses autores estão escrevendo narrativas fantásticas, ou seja, que se situam em uma tradição bem definida. Estão empregando as convenções de um gênero já existente, ainda que, ao mesmo tempo (e isto é quase uma norma na história do fantástico), estejam renovando alguns de seus recursos.[33] E, além disso,

---

[33] Sobre esse assunto seria possível identificar um problema inicial, de caráter terminológico: se as diferenças são tão radicais, por que cunhar uma expressão como "neofantástico", em que se inclui o termo "fantástico", do qual se quer separar? Não será porque as diferenças não são tão radicais assim? O mesmo acontece com a proposta de Baronian, que fala de *nouveau fantastique*. Embora eu não concorde muito com suas teses, talvez Alazraki devesse ter empregado uma expressão mais distante do termo "fantástico", como faz Ana González Salvador (*Continuidad de lo fantástico*, 1980), que aposta na expressão "literatura do insólito" (ainda que, significativamente, suas reflexões não sejam muito diferentes das reflexões do teórico argentino). E ainda podemos fazer mais uma pergunta: se Alazraki quer separar o neofantástico do fantástico tradicional, por que não o relaciona com outras formas contemporâneas que propõem uma transgressão da representação do real, como acontece com os textos surrealistas, o teatro do absurdo, o *nonsense* ou o Nouveau Roman (onde se transgride, por exemplo, a habitual representação narrativa do tempo)? Em primeiro lugar, porque ele sabe que essa transgressão não é fantástica, e, segundo, em direta relação com isso, porque na verdade o neofantástico está mesmo aparentado com o "fantástico tradicional", e não com esses gêneros citados.

o efeito buscado, insisto, é sempre o mesmo em ambas as formas: atemorizar, inquietar o leitor com a possibilidade do impossível. E não só isso; tanto nas narrativas fantásticas quanto nas neofantásticas, o fenômeno impossível é postulado sempre como exceção, como algo que está além da norma com que percebemos e avaliamos o real. Como alerta o próprio Cortázar, diante de determinadas situações "tem-se a impressão de que as leis a que costumamos obedecer não se cumprem plenamente ou são cumpridas de maneira parcial, dando lugar a uma exceção".[34] Isso não definiria tanto o vampiro como o vomitador de coelhos? Não são ambos exceções ao funcionamento habitual do real?

Não é o caráter aterrorizante ou inquietante do acontecimento o que o torna apto para uma ficção fantástica, e sim sua irredutibilidade tanto a uma causa natural quanto a uma causa sobrenatural mais ou menos institucionalizada.

> O temor ou a inquietude[35] que possa produzir, de acordo com a sensibilidade do leitor e seu grau de imersão na ilusão suscitada pelo texto, é apenas uma consequência dessa irredutibilidade: é um sentimento derivado da incapacidade de conceber – aceitar – a coexistência do *possível* com o *impossível* ou, o que é a mesma coisa, de admitir a ausência de explicação – natural ou sobrenatural codificada – para o acontecimento que se opõe a todas as formas de legalidade comunitariamente aceitas, que não se deixa reduzir

---

34 Cf. http://www.juliocortazar.com.ar/cuentos/confe1.htm.
35 Como vemos, Susana Reisz também vacila quanto ao termo a ser utilizado.

a um grau mínimo do *possível* (chame-se milagre ou alucinação).[36]

Talvez a diferença essencial entre o fantástico do século XIX e o fantástico contemporâneo poderia ser expressa da seguinte maneira: o que caracteriza este último é a irrupção do anormal em um mundo aparentemente normal, mas não para demonstrar a evidência do sobrenatural, senão para postular a possível anormalidade da realidade, para revelar que nosso mundo não funciona como pensávamos:

> A estética do contraste predominante no século passado [o XIX] oferecia, de qualquer forma, uma margem de segurança. O nível semântico podia propor contradições insolúveis, mas propunha também um significado reconhecível. O vampiro, se é que existe, pode ser combatido. Alho, estacas, balas de prata: uma longa tradição nos ensinou as armas para afugentar o terror que se instala no cotidiano. O lobisomem, o duplo, o fantasma, estão afinal submetidos à debilidade do visível. No conto fantástico contemporâneo, essa mínima segurança foi, ou tende a ser, suplantada pelo silêncio. Já não há luta, apenas a possibilidade de explicação de algo que, com frequência, sequer se tem certeza se ocorreu ou não. Em um mundo inteiramente natural, inscrito em um sistema de realidade identificável, abre-se o abismo da não significação, que para a atividade do leitor, hoje, é muito mais estimulante – muito mais fantástica – do que uma legião de fantasmas. Referido a seu

---

36 Ver Reisz, Las ficciones fantásticas y sus relaciones con otros tipos ficcionales, op. cit., p.197.

destinatário, esse silêncio significa uma programação da ilegibilidade. A leitura oscila entre a suposição do nada e a suspeita de algo insondável, entre a reconstrução de uma causalidade oculta e a aceitação do sem sentido: por esse vazio espreita a plenitude semântica do perigo.[37]

Claro que tudo isso não é mais que outra forma de expressar a transgressão essencial que caracteriza a literatura fantástica ao longo de toda sua história. Como afirma com lucidez Teodosio Fernández,

> A aparição do fantástico não tem por que residir na alteração por elementos estranhos de um mundo ordenado pelas leis rigorosas da razão e da ciência. Basta que se produza uma alteração do reconhecível, da ordem ou desordem familiares. Basta a suspeita de que outra ordem secreta (ou outra desordem) possa colocar em perigo a precária estabilidade da nossa visão do mundo.[38]

Em conclusão, a literatura fantástica substitui a familiaridade pelo estranho, o intranquilizador, introduz zonas escuras formadas por algo completamente diferente e oculto.[39] Algo impossível de explicar, de compreender, a partir dos nossos códigos de realidade. E esse é um efeito que se produz tanto no fantástico do século XIX quanto no fantástico contemporâneo (que constituem, insisto, um

---

[37] Campra, Los silencios del texto en la literatura fantástica, op. cit., p.57.
[38] Fernández, Lo real maravilloso de América y la literatura fantástica. In: Roas, Teorías de lo fantástico, p.296-7.
[39] Sobre isso, ver Jackson, Fantasy, the Literature of Subversion.

único gênero), e que se traduz claramente em um sentimento de ameaça sobre o leitor. Agora só falta encontrar o termo mais adequado para denominar esse efeito fundamental do fantástico, que, pelo momento, precisamos nos contentar em chamar de medo, angústia, inquietude...

5.
O fantástico como problema de linguagem

Como sabemos, o fantástico se constrói a partir da convivência conflituosa que se produz entre o real e o impossível. E a condição de impossibilidade do fenômeno fantástico se estabelece, por sua vez, em função da concepção do real com que lidam tanto os personagens quanto os leitores: o impossível é aquilo que não pode ser, aquilo que é inconcebível (inexplicável) de acordo com essa concepção.

O objetivo do fantástico é, em suma, a transgressão dos parâmetros que regem a (ideia de) realidade do leitor.

O realismo do fantástico

Logicamente, para conseguir esse efeito deve-se estabelecer primeiro uma identidade entre o mundo ficcional e a realidade extratextual. Mas não se trata apenas de reproduzir no texto o funcionamento físico dessa realidade (condição indispensável para que se produza o efeito fantástico), e sim que o espaço ficcional tenda a ser uma duplicação do âmbito cotidiano em que o receptor se move. Em outras palavras, o leitor reconhece e se reconhece no espaço representado no texto.

Afirmar a "verdade" do mundo representado é, além disso, um recurso fundamental para conseguir convencer o leitor da "verdade" do fenômeno fantástico.

Por isso o narrador deve apresentar o mundo da narrativa da maneira mais realista possível. A construção do texto fantástico seria guiada – paradoxalmente – por uma "motivação realista".

Isso permite afirmar que o fantástico depende do real tanto quanto a literatura mimética: na construção do espaço ficcional, as narrativas fantásticas empregam os mesmos recursos que os textos realistas, o que invalida a ideia comum de situar essas histórias no terreno do ilógico ou do onírico, ou seja, no polo oposto ao da literatura mimética. E não me refiro unicamente às exigências de verossimilhança que os leitores impõem a toda narração, e sim aos procedimentos empregados para afirmar a referencialidade do espaço textual, para criar uma correspondência entre os conteúdos da ficção e a experiência concreta (recursos como a datação precisa, a descrição minuciosa de objetos, personagens, espaços, a inclusão de dados extraídos da realidade objetiva...). Em resumo, o que Barthes (1968) chamou de *efeito de realidade*.

Assim, o fantástico é um modo narrativo que emprega o código realista, mas que ao mesmo tempo supõe uma transgressão desse código: os elementos que constituem as narrativas fantásticas participam da verossimilhança e do "realismo" próprios das narrações miméticas, e apenas a irrupção, como eixo central da história, do acontecimento inexplicável marca a diferença essencial entre as duas formas. Porque o objetivo do fantástico, como eu disse antes, é subverter a percepção que o leitor tem do mundo real, de modo mais explícito do que outras formas literárias e artísticas.

Dado que se trata, então, de uma literatura que aspira a fazer passar como real algo inaceitável, todos os esforços do narrador se destinam a vencer a esperada incredulidade do leitor e conseguir fazer com que a ocorrência impossível seja aceita, que sua presença se imponha como algo factível, ainda que não possa ser explicada. Admitir sua origem sobrenatural não significa explicá-lo (compreendê-lo), como acontece ao protagonista de "O livro de areia", de Borges, que tem que assumir (sem nunca chegar a entender) a presença daquele livro infinito e, portanto, impossível.

Assim, para convencer o leitor, o narrador fantástico transfere o mundo real ao texto em sua mais absoluta cotidianidade. O espaço criado em suas páginas é sempre um âmbito em que tudo deve parecer normal. Além disso, quanto maior for o "realismo" com que ele é apresentado, maior será o efeito psicológico provocado pela irrupção do fenômeno insólito nesse âmbito tão cotidiano.

Essa necessidade de "realismo" marcou de forma decisiva a evolução do fantástico: a fim de tornar críveis os acontecimentos extraordinários relatados a leitores cada vez mais céticos, os narradores foram progressivamente intensificando a cotidianidade das histórias. Ao que cabe acrescentar que essa também é uma maneira de despertar o interesse de alguns leitores (e espectadores) que, com o passar do tempo, conhecem cada vez melhor as convenções formais e temáticas do fantástico e que, portanto, se deixam surpreender com menos facilidade.

A passagem do romance gótico ao conto fantástico romântico ilustra perfeitamente esse processo de cotidianização. Como já expus em trabalhos anteriores, a rejeição da crença no sobrenatural trouxe consigo a condenação de seu uso literário e estético por sua falta de verdade, por sua inverossimilhança. Mas essa concepção realista (e também moral) da mimese não impediu o desenvolvimento de certas formas narrativas e teatrais que brincavam com o sobrenatural e que refletiam as novas inquietudes estéticas que começavam a se desenvolver no século XVIII: o sublime, o macabro, em suma, o prazer do medo. Uma forma de tornar aceitáveis – ficcionalmente – os acontecimentos incríveis que povoam os romances góticos sobrenaturais foi distanciar os fatos no tempo e no espaço: seria possível dizer que, com a transferência à obscura época medieval e a lugares tão exóticos – para um leitor inglês – como a Itália ou a Espanha, o receptor suspendia sua incredulidade e "aceitava" sem maiores problemas a presença desses fenômenos sobrenaturais, porque ocorriam muito longe de casa – espacial e temporalmente. Não é de se estranhar que o efeito fundamental desse tipo de narrativa tivesse a ver com o macabro e o sinistro, mais que com a transgressão que define propriamente o fantástico, cuja primeira encarnação estrita acontece na literatura romântica.

Os autores românticos – cansados, como os próprios leitores, dos clichês góticos e respondendo a uma visão diferente do real e do racional – trasladaram as histórias fantásticas ao presente e, sobretudo, a âmbitos conhecidos do leitor. Hoffmann foi o grande artífice dessa primeira grande revolução do fantástico: seus contos retratam em detalhes a vida ordinária nas cidades alemãs de sua época, os cafés, os teatros, os bailes, as ruas, os ambientes universitários e judiciais... Um mundo absolutamente crível e próximo onde – aí está sua função essencial – parece impossível que qualquer coisa impossível possa acontecer.

Mas devo advertir que a forma como Hoffmann trata o fantástico está um pouco longe do surpreendente "realismo" que caracterizará os contos de Edgar Allan Poe, a outra figura fundamental na evolução do fantástico ao longo do século XIX. Os contos de Hoffmann parecem estar submersos em uma atmosfera estranha, alucinatória. Tudo aparentemente é cotidiano, mas há algo no comportamento dos personagens, no encadeamento dos fatos, até em algumas das situações narradas, que escapa à visão racional. Não me refiro aqui à explicação racional do fenômeno impossível (o que invalidaria seu efeito fantástico), e sim à sensação que se tem de se estar contemplando um reflexo deformado do mundo real, como se os fatos fossem vistos através de um sonho ou da visão transtornada de um louco. Buscando um símile cinematográfico, poderíamos dizer que a maioria dos seus contos têm a atmosfera de pesadelo e loucura que aparece em *O gabinete do doutor Calegari* (1919), de Robert Wiene, assim como em outros filmes do cinema expressionista alemão.

Mas tudo isso, evidentemente, não invalida a dimensão fantástica dos contos de Hoffmann.

À medida que avança o século XIX, não apenas continua se intensificando essa cotidianização, como também os escritores fantásticos passam a buscar o apoio da ciência para incrementar o realismo de suas histórias. Isso pode ser visto em vários contos de Edgar Allan Poe, onde se postula uma (suposta) justificativa do impossível recorrendo ao magnetismo (já presente em alguns textos de Hoffmann) ou aos avanços da psiquiatria. E a impressão de "realidade" foi tal que alguns (crédulos) leitores da época encararam vários dos contos como informes científicos fidedignos sobre casos reais. Aconteceu isso, como o próprio Poe conta nas reflexões de *Marginália*, com "Revelação mesmeriana" (1844) e "A verdade sobre o caso do sr. Waldemar" (1845).

Mas, evidentemente, esse racionalismo de Poe tem um truque: embora ele aponte em seus contos diversas justificativas baseadas em novas práticas científicas, o impossível acaba sempre dominando a história, firmando-se em sua inexplicabilidade. É o que acontece, por exemplo, no já citado "A verdade sobre o caso do sr. Waldemar" (1845), conto cuja anedota central é um experimento sinistro de magnetismo: o agonizante Waldemar é hipnotizado justo antes de morrer e, quando seus sinais vitais deixam de funcionar, ele continua se comunicando com o hipnotizador. A situação se distancia, então, das convenções típicas dos contos de fantasmas e monstros góticos, e nos situa nas coordenadas de um experimento científico. Mas, evidentemente, o acontecimento impossível continua indo além do racional, assim como o desfecho macabro do conto, quando, ao ser despertado do transe hipnótico meses depois,

> [o corpo de Waldemar] se encolheu, se desfez... *apodreceu* entre as minhas mãos. Sobre o leito, diante de todos os presentes, não sobrou nada além de uma massa quase líquida de repugnante, abominável putrefação.[1]

Nas décadas seguintes, os autores surgidos na esteira de Poe desenvolveram uma visão do fantástico em que esse cientificismo (e a importante dimensão psicológica) das obras do autor norte-americano se unia às exigências de "verificação" do positivismo e às reivindicações da escola realista-naturalista: a necessidade de tornar evidentes as relações de causa e efeito. Mesmo que isso não signifique a obrigatoriedade de recorrer a uma explicação racional do fenômeno sobrenatural narrado, o que destruiria o efeito fantástico, e sim de se aprofundar, por exemplo, na questão da percepção subjetiva de tal fenômeno, sugerindo como possível justificativa a loucura do personagem, uma explicação que, tal como acontecia nos contos de Poe, acaba sendo insatisfatória. Isso levou a literatura fantástica a se aprofundar na dicotomia entre lucidez e loucura, base de boa parte das narrativas fantásticas de Maupassant.

Mas serão autores como Kafka, Borges e, já na segunda metade do século [XX], Cortázar, que levarão as histórias fantásticas ao grau máximo de cotidianização, de "realismo", como logo veremos.

---

1 Poe, A verdade sobre o caso do sr. Waldemar, p.126.

Nos limites da linguagem

A vontade de construir um mundo ficcional semelhante ao do leitor implica, como vimos, que o narrador ofereça uma descrição realista e detalhada desse mundo. Entretanto, no momento de encarar a representação do impossível, sua expressão pode tornar-se obscura, torpe, indireta.

É claro que isso não deve ser tomado como uma norma fixa e imutável para todas as narrativas fantásticas, isto é, que nem sempre se produz essa imprecisão linguística, porque há vezes em que a descrição do fenômeno sobrenatural não gera muitos problemas de representação (diferentemente da aceitação de sua presença). Como exemplo disso, basta remeter mais uma vez a "O livro de areia".

Como eu dizia, em muitas narrativas o fenômeno fantástico, impossível de explicar, supera os limites da linguagem: ele é por definição indescritível, por ser impensável. Como destacou Wittgenstein em um de seus aforismos mais célebres: "os limites da minha linguagem significam os limites do meu mundo" (*Tractatus logico-philosophicus*, aforismo 5.6). Mas o narrador não tem outro meio senão a linguagem para evocar o impossível, para impô-lo sobre nossa realidade. Como afirma Jean Bellemin-Noël,

> O autor fantástico deve obrigá-las [as palavras], durante certo momento, a produzir um "ainda não dito", a *significar um indesignável*, isto é, a fazer como se não existisse adequação entre significação e designação, como se houvesse fraturas em um ou outro

dos sistemas [linguagem/experiência], que não corresponderiam a seus homólogos esperados.[2]

Borges reflete perfeitamente essa vertigem da escrita fantástica em um de seus contos mais célebres, "O Aleph" (1945). No momento em que deve descrever o que contemplou naquele Aleph, o Borges-personagem afirma lucidamente:

> Chego, agora, ao centro inefável do meu relato; começa, aqui, meu desespero de escritor. Toda linguagem é um alfabeto de símbolos cujo exercício pressupõe um passado que os interlocutores compartilham; como transmitir aos outros o infinito Aleph, que minha temerosa memória mal consegue abarcar? [...] o problema central é insolúvel: a enumeração, sequer parcial, de um conjunto infinito. Naquele instante gigantesco, vi milhões de atos agradáveis ou atrozes; nenhum me espantou tanto quanto o fato de que todos ocupavam o mesmo ponto, sem sobreposição e sem transparência. O que meus olhos viram foi simultâneo: transcreverei de forma sucessiva porque a linguagem é assim. Alguma coisa, no entanto, conseguirei reunir.[3]

A concordância estabelecida entre o mundo ficcional e o mundo extratextual se parte no momento em que a linguagem precisa dar conta do fenômeno impossível. A representação ou, melhor dizendo, a tentativa de representação desse fenômeno su-

---
2 Bellemin-Noël, Notas sobre lo fantástico (textos de Théophile Gautier). In: Roas (org.), *Teorías de lo fantástico*, p.111.
3 Borges, El Aleph. In: _____, *El Aleph*, p.191-2.

põe a crise da ilusão do real de que falei na seção anterior.

Tentar descrever aquilo que é por definição indescritível supõe o emprego de uma "retórica do indizível" (Bellemin-Noël, 1971), uma maquinaria textual que permite a irrupção do impossível no mundo ficcional. Trata-se de um conjunto de marcas textuais que indicam a excepcionalidade do representado. Estratégias discursivas (e também temáticas) que Bozzetto[4] chama de "operadores de confusão" e que intensificam a incerteza diante da percepção do fenômeno impossível: metáforas, sinédoques, comparações, paralelismos, analogias, antíteses, oximoros, neologismos e expressões ambíguas do tipo "pensei ter visto", "acho que vi", "era como se", assim como a utilização reiterada de adjetivos de forte conotação, como "sinistro", "fantasmagórico", "aterrorizante", "incrível" e outros desse mesmo campo semântico. É o que Mellier[5] chama de "fantástico da indeterminação": a escrita e os procedimentos narrativos tornam ambíguas as notações do texto por meio da imprecisão expressiva. Isso intensifica a percepção do fenômeno fantástico como impossível.

Essa retórica do indizível também possui uma evidente dimensão autorreflexiva, pois são constantes as representações críticas da enunciação e da própria atividade narrativa ("É impossível descrever..."), assim como os jogos com a metaficção, recurso muito frequente na narrativa contemporânea

---

4 Bozzetto, *Territoires des fantastiques. Des roman gothiques aux récits d'horreur moderne*, p.176.
5 Mellier, *La littérature fantastique*, p.42.

em geral. Como diz Mellier,[6] a metaficção designa algumas estratégias textuais que põem em crise a ilusão de realidade postulada pela mimese: exibindo-se sua natureza puramente linguística e ideológica, as representações do texto são desconstruídas. O fenômeno fantástico é um desafio para a escrita.

Assim, o discurso do narrador de um texto fantástico, profundamente realista na evocação do mundo em que a história se desenvolve, muitas vezes se torna vago e impreciso quando encara a descrição dos horrores que assaltam esse mundo, e não pode fazer mais do que utilizar recursos que tornem suas palavras o mais sugestivas possível (com comparações, metáforas, neologismos), tentando assemelhar os horrores a algo real que o leitor seja capaz de imaginar. Como faz o narrador de "O chamado de Cthulhu" (1926), um dos melhores contos de Lovecraft, que, querendo descrever a criatura monstruosa mencionada no título, afirma:

> Não dá para descrever o Ser que viram, não há palavras para expressar semelhantes abismos de pavor e demência imemorial, tão abomináveis contradições da matéria, a força e a ordem cósmica. Uma montanha andando ou se arrastando![7]

A passagem supera o descritível e deixa a cargo do leitor imaginar o inimaginável. O fantástico narra acontecimentos que ultrapassam nosso quadro de referência; é, portanto, a expressão do inomi-

---
6 Ibid., p.41.
7 Lovecraft, La llamada de Cthulhu. In: _____, *En la cripta*, p.153.

nável, o que supõe um deslocamento do discurso racional: o narrador se vê obrigado a combinar de forma insólita substantivos e adjetivos, para intensificar sua capacidade de sugestão. Podemos dizer então que a conotação substitui a denotação. Assim, em muitos contos se estabelece um jogo interessante entre a impossibilidade de descrever algo alheio à realidade humana e a vontade de sugerir esse terror por meio da imprecisão, da insinuação. A indeterminação se converte em um artifício para colocar em marcha a imaginação do leitor.

O estilo de Lovecraft serve como exemplo perfeito do que estamos dizendo. O autor americano costuma recorrer a construções em oximoro ou paradoxo nas descrições dos seres e fenômenos sobrenaturais que povoam seus contos: "arquitetura obscena", "ângulos obscenos", "antiguidade maléfica", "campanários leprosos", "pestilentas tempestades", "concerto nauseabundo"... Sintagmas que sugerem algo impossível em nossa realidade por meio de substantivos e adjetivos que, de forma independente, correspondem a objetos e propriedades provenientes dessa realidade.

O fantástico se torna, assim, uma categoria profundamente subversiva, não apenas em seu aspecto temático, mas também em sua dimensão linguística, pois altera a representação da realidade estabelecida pelo sistema de valores compartilhado pela comunidade ao promover a descrição de um fenômeno impossível dentro desse mesmo sistema. Enquanto o texto não fantástico propõe maneiras de colocar em evidência a presença do idêntico ou do semelhante concedendo-se os meios para enunciá-lo, o texto fantástico anuncia a presença do indizível (a outra face do dizível) – a saber, a alteridade – sem poder enunciá-lo.[8] Desse modo, nas palavras de Jackson (1981), o fantástico desenha a senda do não dito e do não visto da cultura, e por isso se converte em uma forma de oposição social subversiva que se contrapõe à ideologia do momento histórico em que se manifesta.

O fantástico revela as relações problemáticas que se estabelecem entre a linguagem e a realidade, pois tenta representar o impossível.

Gostaria de me deter agora em um exemplo "extremo" que pode ilustrar o que estou propondo (e nos servirá para passar à terceira seção deste artigo): "Venco a la molinera" [Venco à moleira], de Félix J. Palma, em *El vigilante de la salamandra* [O vigilante da salamandra), de 1998.

Tudo o que acontece nele tem sua origem no encontro com uma palavra desconhecida: o *venco* do título. Uma palavra nova que – e é isso o essencial e inquietante – implica um referente novo (e desconhecido), uma realidade nova. Assim, a transgressão da linguagem ordinária subverte a própria percepção do real.

O protagonista, depois de uma viagem acidentada de avião (com turbulências terríveis), volta para casa. Antes de se ausentar, havia pedido à vizinha Berta que, além de cuidar do apartamento, lhe recomendasse alguma receita fácil com que ele pudesse impressionar sua amiga Mónica. Berta deixa, colada na porta da geladeira, a receita do "Venco à moleira". Como é de se supor, o protagonista reage

---

8 Bozzetto, ¿Un discurso de lo fantástico? In: Roas (org.), *Teorías de lo fantástico*, p.234.

com surpresa, pois não reconhece absolutamente nada na palavra *venco*. Chega até a pensar que se trate de algum peixe ou de uma iguaria culinária sofisticada.

Apesar de tudo, desce ao supermercado e ali comprova que o venco não apenas existe (havendo uma geladeira cheia de vencos), como também, além de tudo, é muito parecido com o frango. Como vemos, tudo incide na aparente normalidade da questão. Digamos que, por ora, o problema parece ser do protagonista, e não da realidade.

Depois de fazer a compra, volta para casa e começa a cozinhar. Para isso veste um avental comprado dias antes para impressionar Mónica (e que ele considera ridículo, porque está decorado com incoerentes frangos azuis; depois ficará claro por que menciono esse detalhe). Quando Mónica chega, contrariando a expectativa dele, ela não se mostra impressionada com o venco. O que de novo acentua a normalidade. É então que se produz o segundo acontecimento estranho: o protagonista diz que teria preferido cozinhar um frango, e Mónica responde que nunca ouviu falar dessa palavra. Até pergunta se é algum tipo de peixe (a mesma reação que ele teve com o venco). O protagonista quer entender o que está acontecendo e vai buscar a enciclopédia para demonstrar o erro de sua amiga. Mas, no tomo indicado, não há menção ao verbete *frango*. É esse o momento em que seu mundo começa a se partir. A enciclopédia, o instrumento que ordena e legitima (porque institucionaliza e torna compartilhada) nossa realidade, desta vez faz o contrário: corrobora o fenômeno impossível (exatamente como acontece ao protagonista de Borges em "Tlön, Uqbar, Orbis Tertius"). E, como o leitor já supunha, o que o espera na enciclopédia, em sua posição alfabética correspondente, é o *venco*.

> A definição o descrevia como uma cria de ave e, em particular, de galinha, prato habitual nas mesas seja frito ou assado, e o desenho o mostrava em um curral, esbaldando-se em grãos, sendo a plumagem de um inesperado azul suave, as patas grossas e curtas e o rabo arrematado por uma chamativa pluma laranja.[9]

Os mesmos pássaros azuis que aparecem desenhados no avental ridículo com que ele queria impressionar Mónica.

A partir daí, o conto gira em torno das comprovações e reflexões que o protagonista faz para conseguir entender (e aceitar) o que está acontecendo. E tudo demonstra que, apesar da enorme semelhança, a realidade em que ele se encontra já não é a mesma, que se produziu – utilizo suas expressões – um "transvasar" entre "dimensões paralelas", e que, na falta de outra explicação racional, ele atribui às terríveis turbulências experimentadas em seu voo de retorno. Surge nele, então, um temor duplo: por um lado (e assim será), que o venco não seja a única anomalia dessa nova realidade; por outro, saber que ele sempre vai estar fora de lugar porque este mundo não é exatamente o dele, e, no entanto, é o mundo que ele é forçado a habitar. Uma realidade muito parecida à dele, tão habitável como a original... mas sem frango.

---
9 Palma, *El vigilante de la salamandra*, p.95.

Fantástico de percepção / Fantástico de linguagem[10]

Como fica demonstrado, a transgressão que toda narrativa fantástica propõe não se limita unicamente à dimensão argumental e temática, manifestando-se também no nível linguístico.

Caberia perguntar então se existe uma linguagem, um tipo de discurso característico e próprio do fantástico. Entre os diversos teóricos que prestaram mais ou menos atenção a esse assunto (Todorov, Bessière, Bellemin-Noël, Belevan, Campra, Bozzetto, Lord, Erdal Jordan, entre outros), a conclusão é coincidente: embora possam ser detectados diversos procedimentos retóricos, discursivos e estruturais recorrentes em boa parte das narrações fantásticas, eles não são exclusivos do fantástico, sendo compartilhados pela linguagem literária em geral.

A partir dos estudos dos teóricos antes citados, pode-se estabelecer uma lista geral (e provisória) dos recursos linguísticos e formais que colaboram na criação do efeito fantástico:[11]

a) recursos relacionados diretamente com a instância narrativa: narração em primeira pessoa,

---

10 Para a elaboração desta seção, foi muitíssimo valiosa a ajuda da dissertação de mestrado de Tahiche Rodríguez, *La conspiración fantástica: una perspectiva lingüístico-cognitiva sobre la evolución del género fantástico* (2008), da qual fui orientador. Ver, também, Rodríguez, La conspiración fantástica: una perspectiva lingüístico-cognitiva sobre la evolución del género, *Espéculo. Revista de Estudios Literarios*, n.43, 2010.

11 Ibid., p.54.

identificação narrador-protagonista, vacilação ou ambiguidade interpretativa, parábase.
b) recursos vinculados com aspectos sintáticos e de organização narrativa: temporalidade particular da enunciação, desenlace regressivo, ausência de causalidade e finalidade, usos de *mise em abîme*, metalepse metafórica.
c) recursos vinculados com aspectos discursivos ou de nível verbal: literalização do sentido figurado, adjetivação conotada, nivelação narrativa do natural e do sobrenatural, evasão de termos designativos, antropomorfização da sinédoque.

Como eu dizia, não existem – *a priori* e de um ponto de vista linguístico – diferenças substanciais entre a literatura fantástica e a mimética. Nesse sentido, a possibilidade de uma linguagem fantástica *per se* é análoga à de diferenciar uma linguagem não mimética de uma mimética e, em última instância, uma linguagem factual de uma ficcional. Não existe uma linguagem fantástica em si mesma, e sim um modo de usar a linguagem que gera um efeito fantástico.

Ainda assim, alguns pesquisadores tentaram diferenciar o fantástico do século XIX (tradicional) de sua reelaboração contemporânea em função de um suposto uso particular da linguagem. Campra (2001) nos oferece uma das primeiras análises do fantástico a partir desse ponto de vista, estabelecendo como característica marcante do gênero uma transgressão linguística em todos os níveis do texto: no nível semântico (referente da narrativa), como superação de limites entre duas ordens dadas como incomunicáveis (natural/sobrenatural, normal/anormal); no nível sintático (estrutura narrativa), refletido sobretudo na falta de causalidade e finalidade; e no nível do discurso, como negação da transparência da linguagem (utilização, por exemplo, de uma adjetivação fortemente conotada, tal como vimos antes). Estas oposições e transgressões não funcionam, então, como um fato puramente de conteúdo; chegam também a subverter as regras da sintaxe narrativa e da significação do discurso como outros modos de transgressão. Isso a leva a concluir que o fantástico não seria apenas um fato da percepção do mundo representado, mas também de escrita. No fim das contas, o que Campra sustenta em seu artigo é que no século XX se deu uma mudança fundamental: a passagem do fantástico como fenômeno da percepção ao fantástico como fenômeno da escrita, da linguagem. Uma distinção, cumpre dizer, que Todorov (1970) já havia sugerido ao estabelecer a diferença entre um fantástico da percepção e um fantástico do discurso.

Segundo Campra, o fantástico como fenômeno da percepção seria próprio da literatura do século XIX, e se caracterizaria pelo predomínio de temas e argumentos já clássicos (o fantasma, o vampiro, o duplo, a ruptura das coordenadas espaço-temporais, o sonho premonitório, o objeto animado...), vinculados diretamente a um nível semântico do texto, isto é, ao temático.

Por sua vez, o fantástico como fenômeno de linguagem predominaria na literatura do século XX (e deste início de XXI), onde a transgressão seria gerada fundamentalmente a partir dos recursos formais e discursivos (e não tanto do que acontece no nível semântico):

[...] a literatura fantástica atual deslocou seu eixo para outro nível: esgotada ou pelo menos desgastada a capacidade de escândalo dos temas fantásticos, a infração se expressa por certo tipo de rupturas na organização dos conteúdos – não necessariamente fantásticos –; isto é, no nível sintático. Já não é tanto a aparição do fantasma o que conta para definir um texto como fantástico, mas sim a falta irresolúvel de nexos entre os elementos distantes do real.[12]

Por mais interessante que seja essa ideia, é preciso levar em conta que a transgressão no nível linguístico não é alheia à literatura fantástica do século XIX. Já na narrativa de Hoffmann pode-se perceber o uso combinado de dois elementos essenciais: a) a linguagem mimética e diversos recursos que a corrompem (para tentar descrever fenômenos que vão além dessa linguagem mimética), e b) a irrupção de um elemento sobrenatural que subverte o funcionamento da realidade intratextual (reflexo da extratextual). Assim, a modalidade de percepção aparece vinculada a uma concepção de linguagem caracterizada pela confiança em suas propriedades icônicas e em suas capacidades representacionais, uma confiança comum ao romantismo e à escola realista.[13]

A mudança de paradigma viria marcada, como observa Rodríguez Hernández,[14] pela ruptura da

---

12 Campra, Fantástico y sintaxis narrativa, *Río de la Plata*, n.1, 1985, p.97.
13 Erdal Jordan, *La narrativa fantástica. Evolución del género y su relación con las concepciones del lenguaje*, p.10.
14 Rodríguez Hernández, *La conspiración fantástica: una perspectiva lingüístico-cognitiva sobre la evolución del género fantástico*, p.35.

confiança na relação linguagem/mundo, tal como aparece formulada em Saussure (sua tese sobre a arbitrariedade do signo) e dotada de argumentação filosófica na obra do primeiro Wittgenstein e de Derrida. Coloca-se em dúvida, então, a própria capacidade da linguagem de significar o mundo, isto é, como veículo de expressão de uma realidade que é postulada, em última instância, como alheia e inalcançável. Uma desconfiança que é transferida também à literatura fantástica (aspecto ao qual voltarei no último capítulo, dedicado à situação do fantástico na pós-modernidade).

De acordo com Erdal Jordan, a relação do fantástico com a evolução das concepções da linguagem permite – como acrescenta Rodríguez Hernández[15] – a distinção entre as duas modalidades antes propostas. As concepções vigentes no romantismo e no período realista determinam que a configuração do fantástico "tradicional" se produza *sempre* a partir de um fenômeno perceptivo, enquanto a transformação que provoca essa crise de confiança na linguagem determina que, na configuração do fantástico "moderno", o fenômeno possa ser tanto de percepção como de linguagem (ou, mais precisamente, as duas coisas ao mesmo tempo). Assim, na modalidade de percepção, a transgressão se desenvolve narrativamente como "acontecimento" e se manifesta intensamente no aspecto do discurso onde é mais *evidente* o conflito entre a realidade representada (linguagem) e a realidade extratextual (mundo), isto é, o aspecto semântico.

---

15 Ibid., p.36.

No caso da modalidade de linguagem, a ruptura da confiança ou, ao menos, seu questionamento, permite que o fantástico se configure a partir de uma transgressão essencialmente linguística, uma vez que a palavra só significa a si mesma. Rodríguez Hernández[16] coloca como exemplo desse tipo de narrativa fantástica o conto "Axolotl", de Julio Cortázar, que se baseia em um jogo retórico que permite a metamorfose do narrador no anfíbio que dá título ao texto. E isso é assim porque a transformação se produz graças à progressiva identificação do eu narrativo com duas entidades distintas semântica e logicamente (o humano e o animal), processo perceptível como jogo dêitico, mas não visualmente. O desenvolvimento da narração faz, desde o início, o leitor identificar a primeira pessoa gramatical com o protagonista, isto é, com o personagem que se aproxima todo dia do aquário e pensa em terceira pessoa nos axolotls. No entanto, também desde as primeiras linhas, a primeira pessoa gramatical afirma ser, no presente da enunciação, um axolotl ("Agora sou um axolotl"). A partir daí, a voz narradora que se identifica com o indivíduo vai introduzindo progressivamente em seu discurso sequências que remetem – sem mudar de foco – a outra entidade (um axolotl) com a qual, não obstante, ele continua identificando o uso da primeira pessoa. Temos um bom exemplo na descrição de um desses seres (note-se o jogo com os pronomes e dêiticos):

De ambos os lados da cabeça, onde deviam estar as orelhas, cresciam-lhe três raminhos vermelhos

---
16 Ibid., p.75-6.

como se fossem de coral, uma excrescência vegetal, as brânquias, suponho. E era a única coisa viva nele, a cada dez ou quinze segundos os raminhos se empertigavam rapidamente e voltavam a baixar. Às vezes uma pata mal se movia, eu via os dedos diminutos pousando com suavidade no musgo. É que gostamos de nos mexer muito e o aquário é tão mesquinho; basta avançarmos um pouco e damos com o rabo na cabeça de outro de nós; surgem dificuldades, brigas, fadiga. Sentimos menos o tempo se estamos quietos.[17]

Ao final do conto a transformação se produz e o protagonista afirma *ver a si mesmo* a partir do outro lado do vidro, convertido em um axolotl que, no entanto, continua narrando sua história. Ninguém, além do narrador e do leitor, *presencia* o fenômeno fantástico porque ele apela a uma compreensão puramente intelectual (e gramatical): uma transformação epistemológica que – como conclui Rodríguez Hernández – não remete a um "acontecimento" positivo e verificável, e sim ao próprio discurso, não tendo lugar senão no pensamento do protagonista.

Embora tudo isso seja verdade, não podemos esquecer que, como acontece na literatura fantástica do século XIX, a fantasticidade do conto não reside unicamente na problematização da dêixis pronominal como recurso para a transgressão fantástica; ele continua apelando a uma causalidade extraordinária, discordante da concepção do real extratextual, que atua como "pano de fundo" so-

---

17 Cortázar, Axolotl. In: _____, *Final de juego*, p.143.

bre o qual se pode determinar a impossibilidade (e qualidade transgressora) do fenômeno narrado. Em outras palavras, apesar de se manifestar em um âmbito linguístico, a narração fantástica contemporânea continua exigindo uma leitura referencial para poder estabelecer sua fantasticidade. O que é narrado em "Axolotl" não é apenas uma transgressão em nível discursivo, atentando também contra a ideia do real que os leitores e o autor (além dos personagens) compartilham, segundo a qual um ser humano não pode sofrer a metamorfose narrada por Cortázar em seu conto.

A tudo isso, Rodríguez Hernández[18] acrescenta outra reflexão fundamental: a crítica já falou sobre a irrepresentabilidade do fantástico, de sua ausência de referente, seu vazio de significado e sua "intransitividade", algo que só é realmente aplicável à concepção oitocentista da linguagem (que identifica o significado com o referente), mas não ao contexto da pós-modernidade, quando a relação linguagem/mundo foi reelaborada. Em todo caso, em nossa perspectiva pode existir um vazio referencial no sentido de qualquer termo que não *signifique* uma situação ou entidade do mundo empírico, mas nunca um vazio semântico (ver Belevan, 1976; Bozzetto, 1990; e Ceserani, 1999). Por outro lado, a ideia de que a modalidade da linguagem possa se configurar a partir de uma transgressão exclusivamente formal, retórica ou discursiva que prescinda do aspecto semântico é epistemologicamente insustentável e, nesse sentido, a exigência de uma leitura referencial do texto continua vigen-

---

18 Rodríguez Hernández, *La conspiración fantástica*, p.42-3.

te. Apesar das concepções da linguagem em relação a etapas anteriores, o texto narrativo – fantástico ou não – nunca pode prescindir de uma ideia de realidade, ainda que o contexto estético em que ele surge tenha negado qualquer poder de representação direta da palavra, já que isso eliminaria qualquer possibilidade de compreensão do texto. Como ressaltei antes, a literatura fantástica traz à tona as relações problemáticas que se estabelecem entre a linguagem e a realidade, pois tenta representar o impossível, isto é, tenta ir além da linguagem para transcender a realidade admitida. Mas a linguagem não pode prescindir da realidade: o leitor precisa do real para compreender o que é expresso; precisa, em outras palavras, de um referente pragmático. E isso nos leva, de novo, a postular a necessária leitura referencial de todo texto fantástico, a sempre colocá-lo em contato com nossa ideia do real extratextual para determinar sua fantasticidade.

Em conclusão, nem a transgressão na modalidade de percepção é exclusivamente semântica, nem a transgressão da modalidade de linguagem é exclusivamente formal ou retórica. A própria Campra, depois de afirmar que o fantástico "não é apenas um fato da percepção do mundo representado, mas também de escrita",[19] acaba reconhecendo a necessidade de uma leitura referencial, de contrastar os fenômenos narrados com a concepção que o leitor tem do real para poder identificar um texto como fantástico. No mesmo sentido se manifesta Erdal Jordan, que, ao definir o fantástico contemporâneo

---

19 Campra, Lo fantástico: una isotopía de la transgresión, op. cit., p.191.

como um fenômeno linguístico, também considera "tal narrativa extremamente dependente de uma noção de extratexto que a define como expressão de uma realidade contrastada".[20]

Porque o mundo da narrativa fantástica (seja no século XIX ou nestes tempos pós-modernos) sempre é o nosso mundo. Nossa ideia de realidade atua como contraponto, como contraste para fenômenos cuja presença impossível problematiza a ordem precária em que fingimos viver mais ou menos tranquilos.

---

20 Erdal Jordan, *La narrativa fantástica*, p.111.

6.
Grotesco vs. Fantástico: um problema de dominante

Como já destacamos em trabalhos anteriores,[1] o fantástico é uma categoria que nos apresenta fenômenos que supõem uma transgressão de nossa concepção do real, uma categoria que desenvolvemos – deixando de lado questões ontológicas ou puramente científicas – em função de algumas regularidades que nos permitem codificar o possível e o impossível. A partir dessas regularidades, traçamos alguns limites que nos separam do desconhecido, do ameaçador. O objetivo do fantástico é precisamente desestabilizar esses limites, subverter as convicções coletivas antes descritas, questionar, afinal, a validade dos sistemas comumente admitidos

---

[1] Minha definição do fantástico aparece exposta nos capítulos "A ameaça do fantástico" (p.29-74), "O fantástico como desestabilização do real: elementos para uma definição" (p.75-108) e "Rumo a uma teoria sobre o medo e o fantástico" (p.131-61).

de percepção da realidade.[2] Em consequência, não se trata simplesmente de introduzir um elemento impossível (sobrenatural) em um mundo parecido ao nosso, e sim de provocar com isso o escândalo racional do receptor diante da possibilidade de que suas convicções sobre a realidade deixem de funcionar. Como afirma Rosalba Campra, "a noção de fronteira, de limite intransponível para o ser humano, se apresenta como preliminar ao fantástico. Uma vez estabelecida a existência de dois estatutos de realidade, a atuação do fantástico consiste na transgressão desse limite".[3] Uma transgressão que ao mesmo tempo provoca o estranhamento da realidade, que deixa de ser familiar e se converte em algo incompreensível e, como tal, ameaçador. E essa transgressão, essa ameaça, se traduz no efeito fundamental do fantástico: o *medo*, a *inquietude*.

O grotesco, por sua vez, é uma categoria estética baseada na combinação do humorístico com o terrível (entendido em um sentido amplo, que inclui o monstruoso, o aterrorizante, o macabro, o escatológico, o repugnante, o abjeto etc.). E seu objetivo essencial é proporcionar ao receptor uma imagem distorcida da realidade: do festivo mundo invertido do carnaval medieval, à revelação do caos – no gro-

---

[2] Tudo isso conduz à necessária orientação pragmática dos estudos sobre o fantástico: não se pode produzir (nem consumir) narrativas fantásticas sem contar com um quadro de referência extratextual – compartilhado pelo narrador e pelo leitor – que delimite o possível e o impossível. Sobre isso, ver o capítulo "Contexto sociocultural e efeito fantástico: um binômio inseparável" (p.109-30).

[3] Campra, Lo fantástico: una isotopía de la transgresión. In: Roas, *Teorías de lo fantástico*, p.161.

tesco moderno – como a imagem mais fiel do mundo e do ser humano.[4]

Isso permite afirmar que não existe um grotesco autêntico (como alguns estudiosos insistem em postular), e sim um modo de expressão grotesco que foi se modulando e se transformando – desde que se cunhou o termo cinco séculos atrás – à medida que se produziam mudanças estéticas e filosóficas essenciais na cultura ocidental. Cada época acentuou no grotesco a tonalidade humorística ou terrível, mas sem eliminar qualquer uma delas. Isso quer dizer que, com essa variabilidade histórica, sob a aparente divergência de formas e conteúdos, todas as manifestações do grotesco apresentam essa fusão de elementos antagônicos e esse duplo efeito (em graus e sentidos diferentes) do cômico e do terrível, que as define e caracteriza em relação a outras manifestações estéticas. Por isso seria preciso estabelecer algo que poderíamos chamar de eixo do grotesco, que teria em uma das extremidades o grotesco puramente festivo (por exemplo, os romances de Rabelais) e na outra sua versão mais sinistra, projeção da mentalidade contemporânea (as narrativas de Kafka, o *esperpento*[5] de Valle-Inclán ou as gravuras de Grosz, para citar exemplos mais conhecidos). Entre ambos os polos se situaria a sátira grotesca, em que, sob a distorção caricatural do mundo, esconde-se a de-

---

4 Tal como observa Valeriano Bozal em "Grotesco", *Goya y el gusto moderno*, p.42-51.
5 *Esperpento* é o gênero literário criado por Ramón María del Valle-Inclán (escritor espanhol da geração de 1898). No *esperpento*, a realidade é apresentada a partir de uma visão deformada e grotesca no intuito de criticar ou de satirizar, utilizando a linguagem coloquial e gírias. [N.E.]

núncia de um estado de coisas que deveria ser corrigido: um bom exemplo é *Uma modesta proposta para evitar que os filhos dos pobres da Irlanda sejam um fardo para os pais ou para o país, e para torná-los úteis ao povo* (1729), de Jonathan Swift. Nela, o autor propõe uma solução disparatada ao problema da fome na Irlanda: comer boa parte das crianças, uma proposta tão exagerada que gera um efeito claramente grotesco e humorístico. É evidente que o canibalismo, como remédio econômico, tem muito da inversão delirante proposta por Rabelais.[6] Mas a obra de Swift não se baseia na simples hipérbole cômica (e na paródia de um tipo específico de ensaio), pois tem um claro efeito pedagógico: tenta conscientizar o leitor diante de um problema grave que, evidentemente, não é motivo de piada.

Se examinarmos a história dessa categoria estética, comprovaremos que até o século XVIII o grotesco é mais cômico e despreocupado porque só é visto como desproporção e deformidade, um caminho ideal para a sátira e a paródia; mas quando o sublime e outras novidades estéticas passam a se impor – rompendo com a concepção clássica e proporcional da beleza –, o grotesco adquire uma tonalidade diferente, sem abandonar o efeito humorístico, mas atenuando-o. Esse é o momento em que surge o grotesco moderno, que deixará de ser interpretado simplesmente em função de uma ordem da qual ele seria um desvio.

Para intensificar seu duplo efeito sobre o leitor, o grotesco nunca hesitou – sobretudo em sua

---

[6] Não é estranho que André Breton tenha inaugurado sua *Antologia do humor negro* com alguns fragmentos dessa obra de Swift.

encarnação moderna – em recorrer a elementos e situações característicos do gênero fantástico. Foi isso o que provocou as importantes confusões de alguns dos teóricos que se dedicaram ao estudo das duas categorias.

Uma das principais vozes que fomentaram essa confusão foi a de Wolfgang Kayser e seu seminal ensaio *O grotesco. Sua configuração em pintura e literatura* (1957). Trata-se do primeiro estudo contemporâneo que se propôs a elaborar uma teoria geral do grotesco e descobrir sua essência.

Kayser parte da ideia de que o grotesco é uma categoria estética trans-histórica (pois mantém diversos elementos recorrentes) que se manifestou de forma diferente ao longo das épocas. Mas, ao defender essa ideia, advoga – paradoxalmente – por uma visão restrita do grotesco ligada à sua concepção romântica, na qual ganha potência a expressão sinistra de um mundo alienado, onde o familiar se tornou estranho de modo a um só tempo aterrorizante e cômico. Embora ao longo de seu ensaio Kayser se empenhe em não esquecer o riso como elemento característico do grotesco desde sua origem, ele acaba mostrando bastante dificuldade em encaixá-lo em sua definição. Isso faz com que, em certos momentos, o que ele parece estar definindo na verdade é o fantástico: para Kayser, o grotesco é a expressão da paralisia progressiva e inexorável do homem diante da invasão de forças anônimas (irracionais) que deslocam e destroem o real e as estruturas da consciência. Daí sua insistência no medo, como resposta a uma realidade que perde coerência. Se compararmos essa definição com aquelas que Castex e Caillois deram do fantástico nessa mesma época,[7] torna-se evidente a assimilação que se produz no ensaio de Kayser – erroneamente – entre grotesco e fantástico.

Essa concepção colide frontalmente com a que Bakhtin propõe em seu influente ensaio *A cultura popular na Idade Média e no Renascimento. O contexto de François Rabelais* (1965), uma definição do grotesco que também se pretende geral e sistemática, mas que cai em um reducionismo semelhante ao das teses de Kayser, ainda que com sinal invertido. Enquanto o crítico alemão faz o grotesco derivar em direção ao fantástico e ao sinistro, Bakhtin insiste em sua dimensão carnavalesca, onde primam o burlesco e o escatológico. Isso o leva a defender o riso como efeito essencial (e quase exclusivo) do grotesco, em detrimento do terrível. Trata-se, segundo Bakhtin, de um riso popular e universal, em que todos riem e riem de tudo, radicalmente oposto, portanto, ao riso romântico, banhado de ironia e sarcasmo ("sombrio e maligno", nas palavras de Bakhtin), pois apresenta o mundo como algo terrível e alheio ao ser humano.

Ambos os teóricos caem, assim, no mesmo erro, marginalizando um dos dois elementos caracterizadores do grotesco, que eles mesmos, paradoxalmente, reconhecem como tais: Kayser esquece o riso e potencia o fator sinistro, e Bakhtin rejeita o efeito aterrorizante-angustiante em prol do cômico e da inversão carnavalesca. Desse modo, a especificidade do grotesco corre o risco de se perder. Ambos, apesar da vontade de abarcar o problema

---

[7] Cf. Caillois, *De la féerie à la science-fiction*, prólogo a *Anthologie du Fantastique*, v.I, p.7-24; e Vax, *Arte y literatura fantásticas*.

de forma geral, oferecem, portanto, uma visão reducionista do grotesco, privilegiando uma de suas manifestações históricas, marginalizando as demais. Isso implica que suas teorias sejam válidas apenas para estudar determinadas parcelas da história da categoria, ou, em outras palavras, um tipo de manifestação particular em um momento histórico também particular em que tal manifestação é a dominante na prática do grotesco (ainda que, cabe insistir nisso, não seja a única).

Em última instância, para não me estender mais nessa polêmica, minha ideia é que não existe um grotesco autêntico e um (uns) grotesco(s) bastardo(s), e sim um modo de expressão grotesco que foi se modulando e se transformando à medida que se produziam mudanças estéticas e filosóficas essenciais na cultura ocidental.

Essa derivada das teses de Kayser em direção ao terrível e ao sinistro marcou uma boa quantidade de teóricos posteriores, que valorizaram equivocadamente a importante presença em muitas obras grotescas de temas e recursos próprios do gênero fantástico. Uma das razões fundamentais que apoiam minha asseveração é o efeito de distanciamento do riso, que afeta tanto o efeito quanto o sentido das obras grotescas e as afasta do estritamente fantástico.

Como coincidem em assinalar Bergson, Freud e Bakhtin,[8] o riso tem um efeito libertador para o ser

---

8 Cf. Bergson, *La risa: ensayo sobre la significación de lo cómico*; Freud, *El chiste y su relación con el inconsciente*. In: *Obras completas*, orgs. James Strachey e Anna Freud, v.VIII; e Bakhtin, *La cultura popular en la Edad Media y el Renacimiento. El contexto de François Rabelais.*.

humano em relação a seus medos, tensões e inibições. Mas, ao mesmo tempo, é necessário que, para que esse riso se produza, o receptor se sinta emocionalmente a salvo diante do objeto cômico: entre o sujeito que ri e o objeto de seu riso não pode existir nenhum nexo de terror (no sentido aristotélico) ou de piedade, isto é, nada que desperte a empatia do primeiro.

A hipérbole e a deformação próprias do grotesco intensificam ainda mais essa distância porque os seres, objetos e situações representados sempre se situam em uma posição inferior à do receptor.

Podemos encontrar essa perspectiva em muitos contos e romances de Kafka. Basta pensar em seu conto "Um artista da fome" (1922), que narra a história de um jejuador profissional que se apresenta em um circo e que só vê sentido no jejum (odeia comer, é feliz no estado de quase catatonia produzido pela falta de alimento, quer ser o melhor jejuador de todos os tempos...). Por fim, acaba morrendo, esquecido até pelos funcionários do circo que limpam sua jaula, justificando sua atitude porque nunca havia conseguido encontrar alguma comida que lhe agradasse. O essencial do conto é que nos oferece um mundo deformado (um reflexo invertido do real), no qual tanto o jejuador quanto os empresários que o exibem, além do público que contempla o espetáculo (e vê como ele *não* come), compartilham uma dimensão grotesca, reflexo da realidade absurda e incompreensível do leitor. Por um lado, o leitor não entende os atos dos personagens, que se tornam ridículos aos seus olhos, e, por outro, a perspectiva distanciada que o narrador utiliza (não tenta compreender o personagem nem valoriza seus atos) intensifica ainda mais a sensação de estranhamento que o conto gera. Para Kafka, o ser humano é como um fantoche ou um boneco perdido em um mundo labiríntico e estranho, um mundo cotidiano virado do avesso.

Nesse tipo de história, a presença do humor faz com que desapareça a adesão emocional que costuma se estabelecer entre leitor e personagem. Mas, como diz Vax, "Não se ri diante do grotesco da mesma maneira que se ri diante do cômico".[9] Porque, ainda que o humor seja um elemento essencial em todas as variantes históricas do grotesco, é evidente que não nos encontramos diante de uma simples modalidade do cômico em que o riso é o efeito e o objetivo central: só no grotesco se produz a combinação especial entre cômico e terrível (talvez o humor negro se aproxime do grotesco, ainda que seu objetivo seja outro, mais voltado a combater o medo da morte e da dor).

Isso nos leva a analisar o uso peculiar que se faz nas obras grotescas de temas e recursos típicos da literatura fantástica, ligados indefectivelmente em tal gênero ao medo e ao sinistro (o duplo, a aparição fantasmagórica, a metamorfose, a animação de objetos...). Por vezes, o grotesco e o fantástico podem até compartilhar uma mesma vontade de negação do discurso racional e, portanto, da visão objetiva do mundo.

No entanto, a ausência no grotesco de dois elementos constitutivos do fantástico marca seus limites em relação a esse gênero e impede que possamos consumir as obras grotescas como fantásticas *strictu sensu*:

---

9 Cf. Vax, *Arte y literatura fantásticas*, op.cit., p.15.

1) em primeiro lugar, o fantástico se baseia na confrontação entre o real e o impossível, entendendo por impossível aquilo que transgride nossa ideia sobre o funcionamento do mundo. As obras grotescas não se nutrem do encontro inquietante entre o real e o impossível que define o fantástico: o grotesco moderno revela o horror do real provocando a expressão risonha do receptor.

2) e, em segundo lugar, a estrita identidade entre a realidade do leitor e o mundo representado no texto: a distorção própria do grotesco apaga essa semelhança literal (o que vemos é um reflexo distorcido, caricato), algo que, no entanto, é essencial para o bom funcionamento dos contos fantásticos, que exigem ao leitor – como antes dito – que ele contraste os acontecimentos narrados no texto com sua experiência do mundo cotidiano. Isso explica por que as obras grotescas prescindem da construção verossímil e cotidiana do mundo própria do gênero fantástico, em que o narrado tenta de todas as maneiras possíveis tornar críveis as suas histórias, pois sabe que a presença do impossível vai provocar o ceticismo dos leitores. Até nas narrativas fantásticas claramente ambíguas, o fato de vacilarem entre uma explicação sobrenatural e uma natural evidencia a verossimilhança ou, mais ainda, o realismo com que os fatos são apresentados: se o tratamento do sobrenatural fosse pouco crível, o leitor escolheria sem dúvida a segunda justificativa (os fatos supostamente impossíveis seriam explicados, por exemplo, como fruto de uma alucinação ou da loucura). Os textos grotescos que

utilizam elementos sobrenaturais (impossíveis) vão além da criação de uma impressão fantástica, uma vez que a hipérbole e a deformação que os caracterizam conduzem a narrativa para outro efeito: nem o narrador pretende que o leitor aceite o acontecimento sobrenatural narrado, nem o leitor o consome pensando em sua possibilidade efetiva. Trata-se, em última instância, de deformar os limites do real, de levá-los à caricatura, não para produzir a inquietude própria do fantástico, mas para provocar o riso do leitor, ao mesmo tempo em que o impressiona negativamente com o caráter monstruoso, macabro, sinistro ou simplesmente repugnante dos seres e das situações representadas, sempre – a meu ver – com o objetivo essencial de revelar o absurdo e o sem-sentido do mundo e do eu. Em um e outro âmbito – emissor e receptor –, o riso estabelece o que poderíamos chamar de "distância de segurança" diante do sobrenatural, que desvirtua o possível efeito fantástico da obra.

A tudo isso devo acrescentar que tal distanciamento próprio do grotesco se traduz também em um tratamento descrente da história, o que, de novo, afasta esse tipo de obra do objetivo essencial do fantástico: convencer o leitor da presença ou da possibilidade do impossível.

Trata-se, em última instância, utilizando um conceito cunhado pelos formalistas russos, de uma questão de *dominante*. Jakobson definia o dominante como o componente central de uma obra de arte que rege, determina e transforma todos os demais. Aplicando essa ideia aos textos fantásticos, poderíamos dizer que a função primordial deles seria transgredir a concepção do real que os leitores possuem. Quando essa transgressão desaparece ou passa a ocupar um posto secundário, substituída por outra função (neste caso, a grotesca), a narrativa não pode ser considerada fantástica, porque não é esse o efeito primordial gerado em seu receptor.

Um bom exemplo disso temos no conto de Edgar Allan Poe "Perda de fôlego" (1832), história grotesca cujo ponto de partida é um acontecimento impossível (sobrenatural) que, em vez de inquietar o receptor, provoca hilaridade e estranhamento.[10] O conto, narrado por seu protagonista, Mr. Lackobreath (sr. Faltafôlego), relata como ele, por uma discussão com a esposa, perde o fôlego (a respiração), mas isso não implica sua morte. Depois de uma busca infrutífera pelo fôlego por toda a casa, decide que o melhor é se afastar da mulher, da cidade e de suas amizades, isto é, de seu mundo cotidiano, já que se converteu num estranho, num monstro. Mas, antes de fazê-lo, ensaia um som gutural que lhe permita se expressar oralmente. Conseguindo, inicia sua viagem e aí começa uma série de aventuras cada vez mais delirantes. A primeira acontece em uma carruagem que ele pega para sair da cidade: encaixotado entre dois homens muito gordos, sofre o deslocamento de vários ossos, o que, somado a seu consequente desmaio e, sobretudo, a sua evidente falta de respiração, converte-se em um sintoma inequívoco de sua morte para o resto dos viajantes,

---

[10] Outras manifestações semelhantes dessa variante do grotesco pseudofantástico podem ser vistas nos seguintes contos: "O nariz" (1835), de Nikolai Gógol; "Michelangelo ou o homem de duas cabeças" (1878), de José Fernández Bremón; e "Onde está minha cabeça?" (1892), de Benito Pérez Galdós.

que, em vez de pararem o veículo para buscar a ajuda necessária, o atiram em frente a uma taberna. O dono da taberna o recolhe e, com ele ainda inconsciente, o vende por dez dólares a um cirurgião, que, entre outras coisas, lhe corta as orelhas. Enquanto ele está tombado na cama de dissecção, dois gatos se lançam sobre ele e lutam para ficar com seu nariz. Reanimado pela dor, e tentando escapar da sala do médico, o protagonista se joga pela janela, e tamanho é seu azar que ele cai em cima do carro em que estão transportando um assassino prestes a ser morto na forca; na confusão o assassino escapa e o protagonista é enforcado em seu lugar (eles são muito parecidos fisicamente e ninguém percebe a mudança), o que acaba por lhe servir muito bem para acertar seu pescoço deslocado... Como se vê, tudo vai se tornando cada vez mais grotesco e sem sentido, até chegar o final da história, onde o absurdo alcança a expressão máxima: levado para o cemitério, o protagonista escapa de seu caixão e ali se encontra com um homem vivo, afetado por outro estranho mal: tem dupla respiração. Trata-se de seu vizinho, Mr. Windenough (sr. Ventobastante), que havia passado embaixo de sua janela no dia em que o protagonista estava discutindo com a mulher e assim capturado, sem querer, seu fôlego. Dessa forma, "acertados os detalhes preliminares, meu interlocutor procedeu à devolução de minha respiração; depois de examiná-la cuidadosamente, entreguei-lhe um recibo".[11] O conto termina com

---

11 Apud Poe, El aliento perdido. Cuento que nada tiene que ver con el *Blackwood*. In: _____, *Cuentos*, p.385.

os dois personagens escapando do cemitério, uma vez recomposta sua natureza original.[12]

Contos como esse nos situam claramente no terreno da hipérbole grotesca, onde o exagero, a inverossimilhança e o absurdo têm uma evidente intenção cômica (que convive com a impressão "terrível"), turvando a possível dimensão fantástica do fenômeno. Uma visão distorcida e caricaturesca da realidade que implicitamente metaforiza a ideia moderna do mundo (e do ser humano) como uma entidade caótica e sem sentido.

O grotesco moderno distorce e exagera a superfície da realidade para mostrar o deslocamento da realidade cotidiana, o caos e o sem-sentido do mundo. Mas faz isso, evidentemente, combinando o humor com o terrível. Eis a razão, por exemplo, para um procedimento recorrente nesse tipo de obras literárias e artísticas: converter os personagens em

---

12 Evito repetir aqui a interpretação psicanalítica feita por Marie Bonaparte (*Edgar Poe. Étude psychoanalitique*) – cujo percurso o leitor pode intuir perfeitamente (só uma pista: segundo a autora, a perda do fôlego é a confissão inconsciente de Poe da perda de sua potência sexual) – porque essa interpretação não leva em conta um elemento que me parece fundamental para compreender a intenção paródica do escritor norte-americano ao compor seu conto: o subtítulo original do texto, "Conto que nada tem a ver com a *Blackwood*". Isso torna evidente a paródia (por meio da deformação grotesca) dos contos macabros e necrofílicos que costumavam ser publicados na *Blackwood's Edinburgh Magazine*, uma revista que Poe lia com regularidade. Uma carta do próprio Poe confirma minha interpretação: "*Os leões* ['Lionizing'] e *Perda de fôlego* eram sátiras propriamente ditas, ao menos em sua intenção: o primeiro da admiração por leões e de como é fácil se converter num deles; *o segundo das extravagâncias da Blackwood*" (carta de Poe a John P. Kennedy, 11 de fevereiro de 1836; extraído de Walter, *Poe*, p.532, n 51, o grifo é meu).

monstros ou distorcer caricaturescamente seus traços físicos e/ou psíquicos; ou também tratá-los como títeres ou manequins. Isso os converte em *outros* (até em *coisas*, graças a esse processo de transformação em bonecos), o que nos permite não apenas nos distanciar deles, mas também tomar consciência da nossa superioridade e rir.[13] Mas essa sensação dura muito pouco, o tempo que demoramos em perceber que na verdade esses *outros* somos nós, que esse *outro* mundo não passa de um reflexo deformado do nosso (como também ocorre, por uma via de expressão diferente, nos romances de Lewis Carroll). Um sentido e um efeito muito diferentes daqueles que o fantástico persegue, que podemos resumir na subversão dos códigos – das certezas – que desenvolvemos para perceber e compreender a realidade.

Assim, diferentemente do grotesco, o fantástico nos situa inicialmente dentro dos limites do mundo que conhecemos, do mundo que (digamos assim) controlamos, para logo rompê-lo com um fenômeno que altera a maneira natural e habitual em que funciona esse espaço cotidiano. E isso converte tal fenômeno em impossível, e, como tal, inexplicável, incompreensível. Em outras palavras, o fenômeno fantástico supõe uma alteração do mundo familiar do leitor, uma transgressão das regularidades tranquilizadoras às quais eu me referia antes.

O grotesco, em compensação, revela sua verdadeira cara: caótica, ridícula e sem sentido.

---

13 Sobre essa ideia da superioridade como fonte do riso e do grotesco, ver a reflexão que Charles Baudelaire propõe em "Da essência do riso (e de modo geral do cômico nas artes plásticas)", 1855.

Referências bibliográficas

Obras literárias citadas

BORGES, J. L. El Aleph. In: _____. *El Aleph*. Madrid: Alianza, 2003. p.175-98. [Ed. bras.: O Aleph. In: *O Aleph*. Tradução de Davi Arrigucci Jr. São Paulo: Companhia das Letras, 2008.]

_____. El libro de arena. In: _____. *El libro de arena*. Barcelona: Plaza y Janés, 1984. p.115.

_____. El libro de arena. In: _____. *El libro de arena*. Madrid: Alianza, 2003. p.130-7. [Ed. bras.: O livro de areia. In: *O livro de areia*. Tradução de Davi Arrigucci Jr. São Paulo: Companhia das Letras, 2009.]

_____. Tlön, Uqbar, Orbis Tertius. In: _____. *Ficciones*. Madrid: Alianza, 1988. p.13-36. [Ed. bras.: Tlön, Uqbar, Orbis Tertius. In: *Ficções*. Tradução de Davi Arrigucci Jr. São Paulo: Companhia das Letras, 2007.]

BROWN, F. *Universo de locos*. Barcelona: Edhasa, 1949. [Ed. port.: *Loucura no Universo*. Tradução de Mário Henrique Leiria. Lisboa: Livros do Brasil, 1956.]

CORTÁZAR, J. Axolotl. In: _____. *Final de juego*. Madrid: Anaya & Mario Muchnik, 1995. p.141-6. [Ed. bras.: Axolotl. In: _____. *Final do jogo*. Tradução de Remy Gorga Filho. Rio de Janeiro: Expressão e Cultura, 1969.]

CORTÁZAR, J. Carta a una señorita en París. In: _____. *Bestiario*. Madrid: Alfaguara, 1995. p.23-35. [Ed. bras.: Carta a uma senhorita em Paris. In: _____. *Bestiário*. Tradução de Remy Gorga Filho. Rio de Janeiro: Expressão e Cultura, 1971.]

_____. El Perseguidor. In: _____. *Las armas secretas*. Madrid: Cátedra, 1997. [Ed. bras.: O perseguidor. In: _____. *As armas secretas*. Tradução de Eric Nepomuceno. Rio de Janeiro: Civilização Brasileira, 2010.]

FERNÁNDEZ CUBAS, C. El ángulo del horror. In: _____. *El ángulo del horror*. Barcelona: Tusquets, 1990. p.97-115.

FERNÁNDEZ MALLO, A. *Nocilla Dream*. Canet de Mar: Candaya, 2007. [Ed. bras.: *Nocilla Dream*. Tradução de Joana Angélica D'Ávila Melo. São Paulo: Companhia das Letras, 2013.]

GIBSON, W. El continuo de Gernsback (1986). In: _____. *Quemando Cromo*. Barcelona: Minotauro, 2002. p.39-52. [Ed. port.: O contínuo de Gernsback (1986). In: STERLING, B. (org.). *Reflexos do futuro*. Tradução de Eduardo Saló. Lisboa: Livros do Brasil, 1988.]

IWASAKI, F. *Ajuar funerario*. Madrid: Páginas de Espuma, 2004.

KAFKA, F. Un artista del hambre (1922). In: _____. *Cuentos completos*. Madrid: Valdemar, 2000. p.333-41. [Ed. bras.: *Um artista da fome* [1922]. Tradução de Modesto Carone. São Paulo: Brasiliense, 1995.]

LOVECRAFT, H. P. La llamada de Cthulhu. In: _____. *En la cripta*. Madrid: Alianza, 1989. p.114-56. [Ed. bras.: O chamado de Cthulhu. In: _____. *O chamado de Cthulhu e outros contos*. Tradução de Guilherme da Silva Braga. São Paulo: Hedra, 2010.]

PALMA, F. J. *El vigilante de la salamandra*. Valencia: Pre-Textos, 1998.

POE, E. A. El aliento perdido. Cuento que nada tiene que ver con el Blackwood. In: _____. *Cuentos*. Tradução de Julio Cortázar. v.2. p.385.

ROSSI, A. Confiar. In: _____. *Manual del distraído* [1978]. Barcelona: Anagrama, 1997. p.33-7.

SWIFT, J. Una modesta proposición para evitar que los hijos de los pobres de Irlanda sean una carga para sus padres o su país, y para hacerlos útiles al pueblo (1729). Madrid: La Fontana Literaria, 1972. [Ed. bras.: Uma modesta proposta para evitar que os filhos dos pobres da Irlanda sejam um fardo para os pais ou para o país. In: _____. *Modesta proposta e outros textos satíricos*. Tradução de José Oscar Almeida Marques e Dorothee de Bruchard. São Paulo: Editora Unesp, 2005.]

Estudos

ALAZRAKI, J. ¿Qué es ló neofantástico? In: ROAS, D. (org.). *Teorías de lo fantástico*. Madrid: Arco/Libros, 2001. p.265-82.

ALBALADEJO MAYORDOMO, T. *Teoría de los mundos posibles y macroestructura narrativa*. Alicante: Universidad de Alicante, 1986.

ALBERCA, M. *El pacto ambiguo*. De la novela autobiográfica a la autoficción. Madrid: Biblioteca Nueva, 2007.

BAKHTIN, M. Épica y novela. Acerca de la metodología del análisis novelístico. In: _____. *Teoría y estética de la novela*. Madrid: Taurus, 1989. p.468. [Ed. bras.: Epos e romance. Sobre a metodologia do estudo do romance. In: _____. *Questões de literatura e de estética*: a teoria do romance. São Paulo: Editora Unesp, 1998.]

_____. *La cultura popular en la Edad Media y el Renacimiento*. El contexto de François Rabelais (1965). Madrid: Alianza, 1988. [Ed. bras.: *A cultura popular na Idade Média e no Renascimento*. O contexto de François Rabelais (1965). Tradução de Yara Frateschi Vieira. São Paulo / Brasília: Hucitec / Editora UnB, 2008.]

BARONIAN, J.-B. *Un nouveau fantastique*. Lausanne: L'âge d'homme, 1977.

BARRENECHEA, A. M. El género fantástico entre los códigos y los contextos. In: VENTURA, M. (org.). *El relato fantástico en España e Hispanoamérica*. Madrid: Sociedad Estatal Quinto Centenario / Editorial Siruela, 1991. p.75-81.

_____. Ensayo de una tipología de la literatura fantástica. *Revista Iberoamericana*, n.80, p.391-403, 1972.

_____. La Literatura fantástica: función de los códigos socioculturales en la constituición de un género. In: _____. *El espacio crítico en el discurso literário*. Buenos Aires: Kapelusz, 1985. p.45-53.

BARTHES, R. L'Effet de Réel. *Communications*, n.11, p.84-9, 1968.

BAUDELAIRE, C. De la esencia de la risa y en general de lo cómico en las artes plásticas (1855). In: _____. *Lo cómico y la caricatura*. Madrid: A. Machado Libros, 2001. p.79-117. [Ed. bras.: Da essência do riso (e de modo geral do cômico nas artes plásticas). In: *Poesia e Prosa*. Rio de Janeiro: Nova Aguilar, 2002. p.733-46.]

BELEVAN, H. *Teoría de lo fantástico*. Barcelona: Anagrama, 1976.

BELLEMIN-NOËL, J. Des Formes fantastiques aux temes fantasmatiques. *Littérature*, n.2, p.103-17, 1971.

_____. (1972). Notas sobre lo fantástico (textos de Théophile Gautier). In: ROAS, D. (org.). *Teorías de lo fantástico*. Madrid: Arco/Libros, 2001. p.107-40.

BERGSON, H. *La risa*: ensayo sobre la significación de lo cómico (1900). Madrid: Alianza, 2008. [Ed. bras.: *O riso*: ensaio sobre a significação do cômico (1940). Tradução de Nathanael C. Caixeiro. Rio de Janeiro: Zahar, 1983.]

BESSIÈRE, I. *Le Récit fantastique*. La poetique de l'incertain. Paris: Larousse Université, 1974.

BONAPARTE, M. *Edgar Poe*. Étude psychoanalitique. Paris: Denoël et Steele, 1933. 2v.

BOUVET, R. *Étranges récits, étranges lectures*. Essai sur l'effet fantastique. Québec: Griot, 1998.

BOZAL, V. Goya: imágenes de lo grotesco. In: DAVIS, C.; SMITH, J. P. (orgs.). *Art and Literature in Spain*: 1600-1800. Studies in Honour of Nigel Glendinning. Londres & Madrid: Tamesis Books, 1993. n.1. p.50.

_____. Grotesco. In: _____. *Goya y el gusto moderno*. Madrid: Alianza, 1994. p.42-51.

BOZZETTO, R. El *sentimiento de lo fantástico* y sus *efectos*. In: ROAS, D. (org.). *Lo fantástico*: literatura y subversión. Edição monográfica da revista *Quimera*, n.218-9, p.35-40, jul.-ago. 2002.

_____. *Pasages des fantastiques*: des imaginaires à l'inimaginable. Aix-en-Provence: Publications de l'Université de Provence, 2005.

_____. *Territoires des fantastiques*. Des roman gothiques aux récits d'horreur moderne. Aix-en-Provence: Publications de l'Université de Provence, 1998.

_____. ¿Un discurso de lo fantástico? In: ROAS, D. (org.). *Teorías de lo fantástico*. Madrid: Arco/Libros, 2001. p.223-42.

BRAVO, V. *Los poderes de la ficción*. Para una interpretación de la literatura fantástica. Caracas: Monte Ávila, 1985.

CALLOIS, R. De la féerie à la science-fiction [1958], prólogo a *Anthologie du Fantastique*. Paris: Gallimard, 1985, v.1. p.7-24.

CALINESCU, M. *Cinco caras de la modernidad*. Madrid: Tecnos, 1991. [Ed. port.: *As cinco faces da modernidade*. Tradução de Jorge Teles de Menezes. Lisboa: Vega, 1999.]

CAMPRA, R. Fantástico y sintaxis narrativa. *Río de la Plata*, n.1, p.95-111, 1985.

_____. Lo fantástico: una isotopía de la transgresión. In: ROAS, D. (org.). *Teorías de lo fantástico*. Madrid: Arco/Libros, 2001. p.153-91.

_____. Los silencios del texto en la literatura fantástica. In: VENTURA, E. M. (org.). *El relato fantástico en España e Hispanoamérica*. Madrid: Sociedad Estatal Quinto Centenario / Editorial Siruela, 1991. p.49-73.

_____. *Territorios de la ficción*. Lo fantástico. Sevilla: Renacimiento, 2008.

CASQUET, S. Juan José Millás, un abismo de monstruos bajo la cama. Disponível em: www.literateworld.com/spanish/2002/portada/apr/w02/juanjosemillasunabismodemonstruosbajolacama.html. Acesso em: 15 dez. 2012.

CASTEX, P.-G. *Le Conte fantastique en France de Nodier à Maupassant*. Paris: José Corti, 1951.

CERSOWSKY, P. The Copernican Revolution in the History of the Fantastic Literature at the Beginning of the Twentieth Century. In: COLLINS, R. A.; PEARCE, H. D. (orgs.). *The Scope of the Fantastic*. Theory. Technique, Major Authors. Londres: Greenwood Press, 1985.

CESERANI, R. *Il fantastic*. Bolonha: Il Mulino, 1996.

CHIAMPI, I. *O realismo maravilhoso*. Forma e ideologia no romance hispanoamericano. São Paulo: Perspectiva, 1980.

COLONNA, V. *Autofiction & autres mythomanies littéraires*. Auch: Tristram, 2004.

CORTÁZAR, J. Del cuento breve y sus alrededores. In: _____. *Último round* (1969). Madrid: Debate, 1995. p.42-55 [Ed. bras.: Do conto breve e seus arredores. In: _____. *Valise de Cronópio*. Tradução de Davi Arrigucci Jr. e João Alexandre Barbosa. São Paulo: Perspectiva, 2006. p.227-39.]

DAMÁSIO, A. *En busca de Spinoza*. Neurobiología de la emoción y los sentimientos. Barcelona: Crítica, 2007. [Ed. bras.: *Em busca de Espinosa*. São Paulo: Companhia das Letras, 2004.]

DELUMEAU, J. *El miedo en Occidente* [1978]. Madrid: Taurus, Madrid, 1989. [Ed. bras.: *História do medo no ocidente 1300-1800*: uma cidade sitiada. Tradução de Maria Lucia Machado. São Paulo: Companhia das Letras, 2009.]

DERY, M. *Velocidad de escape*. La Cibercultura en el final del siglo. Madrid: Siruela, 1998. [Ed. port.: *Velocidade de Escapa*. A cibercultura no final do século. Coimbra: Quarteto, 2000.]

DEUTSCH, D. *La estructura de la realidad*. Barcelona: Anagrama, 2002. [Ed. bras.: *A essência da realidade*. Tradução de Brasil Ramos Fernandes. São Paulo: Makron Books, 2000.]

EDELMAN, G.; TONONI, G. *El universo de la conciencia*: cómo la materia se convierte en imaginación. Barcelona: Crítica, 2002.

ERDAL JORDAN, M. *La narrativa fantástica*. Evolución del género y su relación con las concepciones del lenguaje. Madrid: Vervuert Iberoamericana, 1998.

FABRE, J. *Le Memoir de sorcière*. Essai sur la littérature fantastique. Paris: Librairie José Corti, 1992.

FEDERMAN, R. *Surfiction*: Fiction Now and Tomorrow. Chicago: Swallow Press, 1975.

FERNÁNDEZ, T. Lo real maravilloso de América y la literatura fantástica. In: ROAS, D. (org.). *Teorías de lo fantástico*. Madrid: Arco/Libros, 2001. p.283-97.

FEYNMAN, R. *Six Easy Pieces*. Nova York: Basic Books, 2011.

FINNÉ, J. *La Littérature fantastique*. Essai sur l'organisation surnaturelle. Bruxelas: Éditions de l'Université de Bruxelles, 1980.

FREUD, S. El chiste y su relación con el inconsciente (1905). In: _____. *Obras completas*. v.VIII. Organização de James Strachey e Anna Freud. Buenos Aires: Amorrortu Editores, 1988. [Ed. bras.: O chiste e sua relação com o inconsciente (1905). In: *Obras psicológicas completas de Sigmund Freud*. v.VIII. Tradução de Jayme Salomão. Rio de Janeiro: Imago, 1972.]

_____. Lo ominoso (*Das Unheimliche*, 1919). In: _____. *Obras completas*. v. XVII: *De la historia de una neurosis infantil y otras obras (1917-1919)*. Organização de James Strachey e Anna Freud. Buenos Aires: Amorrortu Editores, 1988. p.219-51. [Ed. bras.: O estranho. In: *Obras psicológicas completas de Sigmund Freud*. v.XVII. Tradução de Jayme Salomão. Rio de Janeiro: Imago, 1976.]

GASPARINI, P. *Est-il je?* Roman autobiographique et autofiction. Paris: Seuil, 2004.

GÓMEZ GARCÍA, I. *Vivir conectados*. El fin de la utopía liberal. Barcelona: Universitat Autònoma de Barcelona, 2007.

GONZALEZ BERMEJO, E. *Conversaciones con Cortázar*. Barcelona: Edhasa, 1981.

GONZÁLEZ SALVADOR, A. *Continuidad de lo fantástico*. Por una teoría de la literatura insólita. Barcelona: El Punto de Vista, 1980.

GOODMAN, N. *De la mente y otras materias*. Madrid: Vison, 1995.

GREENE, B. *El universo elegante*. Supercuerdas, dimensiones ocultas y la búsqueda de una teoría unificada. Barcelona: Crítica, 2006. [Ed. bras.: *O universo elegante*: Supercordas, dimensões ocultas e a busca da teoria definitiva. Tradução de José Viegas Filho. São Paulo: Companhia das Letras, 2001.]

HARSHAW (HRUSHOVSKI), B. Fictionality and Fields of Reference. Remarks on a Theoretical Framework. *Poetics Today*, 5, 2, p.227-51, 1984.

HEIM, M. *Metaphysics of Virtual Reality*. Oxford: Oxford University Press, 1993.

HERRERO CECILIA, J. *Estética y pragmática del relato fantástico (las estrategias narrativas y la cooperación interpretativa del lector)*. Cuenca: Ediciones de la Universidad de Castilla-La Mancha, 2000.

HUTCHEON, L. *A Poetics of Postmodernism*. History. Theory. Fiction. New York: Routledge, 1988. [Ed. bras.: *Poética do pós-modernismo*: história, teoria, ficção. Tradução de Ricardo Cruz. Rio de Janeiro: Imago, 1991.]

JACKSON, R. *Fantasy, the Literature of Subversion*. New York: New Accents, 1981.

JAKOBSON, R. Lingüística y poética. In: _____. *Ensayos de lingüística general*. Barcelona: Seix Barral, 1975. p.347-95.

KAKU, M. *Universos paralelos*. Atalanta: Girona, 2008. [Ed. bras.: *Mundos paralelos*: uma jornada através da criação, das dimensões superiores e do futuro do cosmo. Tradução de Talita M. Rodrigues. São Paulo: Rocco, 2007.]

KAYSER, W. *Lo grotesco*. Su configuración en pintura y literatura (1957). Buenos Aires: Nova, 1964. [Ed. bras.: *O grotesco*. Tradução de Jacó Guinsburg. São Paulo: Perspectiva, 2003.]

LAZZARIN, S. *Il modo fantastico*. Roma: Laterza, 2000.

LLOPIS, R. *Historia natural de los cuentos de miedo*. Madrid: Júcar, 1974.

LORD, M. La organización sintagmática del relato fantástico (El modelo quebequés). In: RISCO, A.; Soldevila, I.; LÓPEZ-CASANOVA, A. (orgs.). *El relato fantástico. Historia y sistema*. Salamanca: Ediciones Colegio de España, 1998. p.11-42.

LOVECRAFT, H. P. *El horror sobrenatural en la literatura* (1927). Madrid: Alianza, 1984. [Ed. bras.: *O horror sobrenatural em literatura*. Tradução de Celso M. Paciornik. São Paulo: Iluminuras, 2007.]

MARÍ, A. *El entusiasmo y la quietud*. Antología del romanticismo alemán. Barcelona: Tusquets, 1979.

MATURANA, H. *La realidad, ¿objetiva o construida?* Barcelona: Anthropos, 1995.

MELLIER, D. *La Littérature fantastique*. Paris: Seuil, 2000.

MORALES, A. M. Teoría y práctica de lo fantástico. Modelos y rupturas. *Escritos*, n.21, p.22-36, jan.-jun. 2000.

_____. Transgresiones y legalidades (lo fantástico en el umbral). In: MORALES, A. M.; SARDIÑAS, J. M. (orgs.). *Odiseas de lo fantástico*. Coloquios Internacionales de Literatura Fantástica, México, 2004, p.25-37.

NANDORFY, M. La literatura fantástica y la representación de la realidad. In: ROAS, D. (org.). *Teorías de lo fantástico*. Madrid: Arco/Libros, 2001. p.242-61.

NODIER, C. Sobre lo fantástico en literatura (1830). In: _____. *Cuentos visionarios*. Madrid: Siruela, 1989. p.445-74.

O'BRIEN, F.-J. ¿Qué es eso? In: _____. *La lente de diamante y otros relatos de terror*. Madrid: Valdemar, 1993. p.71.

PENZOLDT, P. *The Supernatural in Fiction*. Londres: Peter Nevill, 1952.

PREGO, O. *La fascinación de las palabras*: conversaciones con Julio Cortázar. Barcelona: Muchnik, 1985. [Ed. bras.: *O fascínio das palavras*: entrevistas com Julio Cortázar. Tradução de Eric Nepomuceno. Rio de Janeiro: José Olympio, 1991.]

RABKIN, E. S. *The Fantastic in Literature*. Nova Jersey: Princeton University Press, 1976.

REIS, R. O fantástico do poder e o poder do fantástico. *Ideologies and Literature*, n.134, p.3-33, 1980.

REISZ, S. En compañía de dinosaurios. In: ROAS, D. (org.). *Lo fantástico*: literatura y subversión. Edição monográfica da revista *Quimera*, n.218-219, p.46-50, jul.-ago. 2002.

REISZ, S. Las ficciones fantásticas y sus relaciones con otros tipos ficcionales. In: ROAS, D. (org.). *Teorías de lo fantástico*. Madrid: Arco/Libros, 2001. p.193-221.

_____. *Teoría y análisis del texto literario*. Buenos Aires: Hachette, 1989. p.110.

RICOEUR, P. Narratividad y referencia. In: _____. *Tiempo y narración*. Madrid: Ediciones Cristiandad, 1987. t.I. p.153-60.

RISCO, A. *Literatura y fantasía*. Madrid: Taurus, 1982.

ROAS, D. (org.). Contexto sociocultural y efecto fantástico: un binomio inseparable. In: MORALES, A. M.; SARDIÑAS, J. M. (orgs.). *Odiseas de lo fantástico*. Coloquios Internacionales de Literatura Fantástica, 2004, p.39-56.

_____. *De la maravilla al horror*. Los inicios de lo fantástico en la cultura española (1750-1860). Vilagarcía de Arousa: Mirabel Editorial, 2006.

_____. El género fantástico y el miedo. In: ROAS, D. (org.). *Lo fantástico*: literatura y subversión. Edição monográfica da revista *Quimera*, n.218-219, p.41-5, jul.-ago. 2002.

_____. Hacia una teoría sobre el miedo y lo fantástico. *Semiosis*, México, v.II, n.3, p.95-116, jan.-jun. 2006.

_____. *Hoffmann en España*. Recepción e influencias. Madrid: Biblioteca Nueva, 2002.

_____. La amenaza de lo fantástico. In: ROAS, D. (org.). *Teorías de lo fantástico*. Madrid: Arco/Libros, 2001. p.7-44.

_____. *La recepción de la literatura fantástica en la España del siglo XXI*. Bellaterra: Servei de Publicacions de la Universitat Autònoma de Barcelona, 2001.

_____. Lo fantástico como desestabilización de lo real: elementos para una definición. In: PELLISA, T. L. P.; MORENO, F. Á. (orgs.). *Ensayos sobre literatura fantástica y ciencia ficción*. Madrid: Universidad Carlos III, 2009. p.94-120.

_____. *Teorías de lo fantástico*. Madrid: Arco/Libros, 2001.

RODRÍGUEZ HERNÁNDEZ, T. *La conspiración fantástica*: una perspectiva lingüístico-cognitiva sobre la evolución del género fantástico. Bellaterra: Universidad Autónoma de Barcelona, 2008.

_____. La conspiración fantástica: una perspectiva lingüístico-cognitiva sobre la evolución del género. *Espéculo. Revista de Estudios Literarios*, n.43, 2010. Disponível em: http://www.ucm.es/info/especulo/numero43/consfan.html. Acesso em 15 jan. 2013.

RODRÍGUEZ PEQUEÑO, J. Referencia fantástica y literatura de transgresión. *Tropelías*, n. 2, p.145-56, 1991.

ROYLE, N. *The Uncanny*. Manchester: Manchester University Press, 2003.

RYAN, M.-L. Mundos posibles y relaciones de accesibilidad: una tipología semántica de la ficción. In: DOMÍNGUEZ, A. G. (org.). *Teorías de la ficción literaria*. Madrid: Arco/Libros, 1997. p.181-205.

SÁNCHEZ, S. Pánico en la escena. Miedo real y miedo representado. In: DOMÍNGUEZ, V. (org.). *Los dominios del miedo*. Madrid: Biblioteca Nueva, 2002. p.303-18.

SÁNCHEZ-MESA, D. (org.). *Literatura y cibercultura*. Madrid: Arco/Libros, 2004.

SEBOLD, R. P. Hacia Bécquer: vislumbres del cuento fantástico. In: BÉCQUER, G. A. *Leyendas*. Organização de Joan Estruch. Barcelona: Crítica, 1994.

SEGRE, C. *Principios de análisis del texto literario*. Barcelona: Crítica, 1985. [Ed. port.: *Introdução à análise do texto literário*. Tradução de Isabel Teresa Santos. Lisboa: Estampa, 1999.]

SERRA, E. *Tipología del cuento literario*. Madrid: Cupsa, 1978.

SIEBERS, T. *The Romantic Fantastic*. Ithaca: Cornell University Press, 1984.

SILHOL, R. Qu'est-ce qu'est le fantastique? In: DUPERRAY, M. (org.). *Du Fantastique en littérature*: figures et figurations. Aix-en-Provence: Publications de l'Université de Provence, 1990. p.25-34.

ŠRÁMEK, J. La Vraisemblance dans le récit fantastique. *Études Romanes de Brno*, v.XIV, p.71-82, 1983.

TODOROV, T. *Introduction à la littérature fantastique*. Paris: Seuil, 1970. [Ed. bras.: *Introdução à literatura fantástica*. Tradução de Maria Clara Correa Castello. São Paulo: Perspectiva, 2004.]

TOMASHEVSKI, B. *Teoría de la literatura*. Madrid: Akal, 1981.

TRITTER, V. *Le fantastique*. Paris: Ellipses, 2001.

TURKLE, S. *La vida en la pantalla*: la construcción de la identidad en la era de Internet. Barcelona: Paidós, 1997. [Ed. port.: *A vida no ecrã*: a identidade na era da internet. Tradução de Paulo Faria. Lisboa: Relógio d'Água, 2008.]

VAX, L. *Arte y literatura fantásticas* (1960). Buenos Aires: Eudeba, 1973. [Ed. port.: *A arte e a literatura fantásticas* (1960). Tradução de João Costa. Lisboa: Arcádia, 1972.]

VILLANUEVA, D. *Teorías del realismo literario*. Instituto de España. Madrid: Espasa Calpe, 1992.

_____.; VIÑA LISTE, J. M. *Trayectoria de la novela hispanoamericana actual*. Del "realismo mágico" a los años ochenta. Madrid: Espasa Calpe, 1991.

WAGENSBERG, J. *La rebelión de las formas*. Barcelona: Tusquets, 2005.

WALTER, G. *Poe*. Madrid: Anaya & Mario Muchnik, 1995. n.51. p.532.

WITTGENSTEIN, L. *Tractatus logico-philosophicus*. Tradução e introdução de Jacobo Muñoz e Isidoro Reguera. Madrid: Alianza, 1989, aforismo 5.6.

YURKIEVICH, S. *Julio Cortázar*: Mundos y modos. Madrid: Anaya & Mario Muchnik, 1994.

ZUKAV, G. *The Dancing Wu Li Masters*: An Overview of the New Physics. Nova York: William Morrow, 1979. [Ed. bras.: *A dança dos Mestres Wu Li*: uma visão geral da nova física. Tradução de ECE – Editora de Cultura Espiritual. São Paulo: ECE, 1989.]

SOBRE O LIVRO

Formato: 12 x 21 cm
Mancha: 18,5 x 44,5 paicas
Tipologia: Iowan Old Style 10/14
Papel: Pólen Soft 80 g/m² (miolo)
Cartão Supremo 250 g/m² (capa)
1ª edição: 2014

EQUIPE DE REALIZAÇÃO

Capa
Marcelo Girard

Edição de texto
Nair Hitomi Kayo (Preparação de original)
Fabiano Calixto (Revisão)

Editoração eletrônica
Eduardo Seiji Seki (Diagramação)

Assistência editorial
Jennifer Rangel de França

Impressão e acabamento